Jakob Worm Müller

Transfusion und Plethora

Eine physiologische Studie

Jakob Worm Müller

Transfusion und Plethora
Eine physiologische Studie

ISBN/EAN: 9783743357426

Hergestellt in Europa, USA, Kanada, Australien, Japan

Cover: Foto ©ninafisch / pixelio.de

Manufactured and distributed by brebook publishing software
(www.brebook.com)

Jakob Worm Müller

Transfusion und Plethora

TRANSFUSION UND·PLETHORA.

EINE

PHYSIOLOGISCHE STUDIE

JAKOB WORM MÜLLER,

PROFESSOR DER PHYSIOLOGIE.

UNIVERSITÄTS-PROGRAMM FÜR DAS ERSTE HALBJAHR 1875.

CHRISTIANIA,

GEDRUCKT BEI W. C. FABRITIUS.

1875.

Herrn

C. LUDWIG

gewidmet

vom

Verfasser.

Vorwort.

Die vorliegende Abhandlung über die physiologische Bedeutung der Vermehrung der Blutmenge ist als Fortsetzung meiner physiologischen Studien über die Abhängigkeit des arteriellen Druckes von der Blutmenge anzusehen.

Es ist dieselbe mit Rücksicht auf die ärztlichen Bedürfnisse ausgearbeitet; aus diesem Grunde habe ich

1) mancherlei Bemerkungen, welche dem Physiologen ferner liegen dürften, eingeschaltet und

2) bei den Berechnungen der Durchschnittszahl der gezählten Blutkörperchen, der Blutmenge, des täglichen Gewichtsverlustes und der täglichen Harnstoffausscheidung auf 1 Kilo Körpergewicht bezogen, die bequemste und übersichtlichste Art und Weise vorgezogen. Hiezu lag um so grössere Berechtigung vor, als eine detaillirtere Berechnung nur complicirter gewesen aber der Hauptsache nach ganz dieselben Resultate ergeben haben würde.

Es ist diese Untersuchung wesentlich dadurch erleichtert worden, dass mein hochgeehrter College, Herr Professor *Panum* in Copenhagen mir während seiner Abwesenheit in den Sommerferien 1874 das dortige physiologische Institut mit Bedienung in liberalster Weise zur Disposition stellte.

Ich kann ebenfalls nicht unterlassen, auch hier meinem verehrten Freunde, Herrn Professor *Hjalmar Heiberg* in Christiania und den Herrn Aerzten, Dr. *Bundtzen* und Dr. *Ocrum* in Copenhagen meinen innigen Dank für ihre freundliche Unterstützung auszusprechen.

Die demnächst folgende Abhandlung wird sich mit dem Studium der Anämie und der Aderlässe beschäftigen; leider bin ich aber gegenwärtig zu sehr durch Berufsgeschäfte und durch die Einrichtung des hiesigen physiologischen Institutes in Anspruch genommen, um in Bälde diese Untersuchungen beenden zu können.

Christiania, im Mai 1875.

Jakob Worm Müller.

BERICHTIGUNGEN.

Seite	1 Zeile	1 von	unten	statt	Korpergewichtes lies Körpergewichtes.
„	5	„ 15	„ oben	„	durch einer längeren Zeitraum lies durch einen längeren Zeitraum.
„	9	„ 2	„ unten	„	filtrit lies filtrirt.
„	14	„ 11	„ „	„	Blutkörperches lies Blutkörperchen.
„	64	„ 1	„ „	„	verdien lies verdient.
„	66	„ 1	„ oben	„	Berechtigunger lies Berechtigung er.
„	„	„ 3	„ „	„	aüsserst lies äusserst.
„	68	„ 12	„ unten	„	sowohl früher zu gerinnen anfängt und später dieselbe beendigt als lies später zu gerinnen anfängt und überhaupt langsamer gerinnt als.
„	69	„ 7	„ oben	„	Ursach lies Ursache.
„	107	„ 1	„ „	„	§ 70 lies § 10.
„	„	„ 9	„ „	„	Ueberfüllnng lies Ueberfüllung.
„	111	„ 1	„ „	„	ergaben lies ergaben,.
„	„	„ 2	„ „	„	und, häufig lies und häufig.
„	„	„ 10	„ „	„	gefärbt; lies gefärbt,.
„	124	„ 18	„ „	„	Blnt lies Blut.

INHALT.

Meine früheren Untersuchungen über die normale und abnorme Blutmenge
des Gefässsystems. Meine Aufgaben.

Nach meinen Untersuchungen über die Abhängigkeit des arteriellen
Druckes von der Blutmenge [1]) habe ich geglaubt die Vermuthung aufstellen
zu können, dass bei Hunden, je nachdem die Blutmenge durch Aderlässe
vermindert oder durch Transfusion vermehrt wird, drei verschiedene Füllungs-
zustände des Gefässsystems oder (wie ich sie in Bezug auf die in den
Versuchstabellen gegebene Uebersicht der Druckänderung als Function der
wachsenden Füllung genannt habe [2]), 3 verschiedene «Füllungsterritorien»
zu unterscheiden sind:

1) Ein solches, welches von der höchsten, mit dem Leben vereinbaren
   Anämie beginnt und sich bis zu einer Füllung erstreckt, wo die Blutmenge etwa um 20 bis 30 p. C. weniger als die normale [3]) beträgt.
   Mit der wachsenden Füllung steigt der arterielle Druck ziemlich
   regelmässig von ca. 25 bis 130 Mm. Dieses Territorium können wir
   als ein *abnormes (anämisches)* bezeichnen.

2) Ein Territorium, welches mit einem Blutgehalt anfängt, der etwa
   25 pCt. unterhalb des normalen liegt, und mit der Zunahme der Blutmenge bei ca. 30 bis 50 pCt. oberhalb des normalen endigt. Die Steigerung des Drucks ist hier viel geringer und so unregelmässig, dass
   man im einzelnen Falle an einer solchen zweifeln könnte, im Mittel aus
   mehreren Versuchen ist aber eine Drucksteigerung von 120 zu 175 Mm.
   nicht zu verkennen.

---

[1]) Dr. Worm Müller, „Die Abhängigkeit des arteriellen Druckes von der
Blutmenge" in den Berichten der Königl. Sächs. Gesellschaft der Wissenschaften, mathematisch-physische Classe. December 1873, S. 573—664.

[2]) L. c. S. 655—658.

[3]) Die normale Blutmenge bei Hunden ist nach den Untersuchungen vieler
Physiologen auf $\frac{1}{13}$ (7,7 pCt.) des Körpergewichtes zu schätzen.

3) Ein Territorium, welches mit der Vermehrung der ursprünglichen Blutmenge um mehr als ca. 30—50 pCt. anfängt und bei dem höchsten von mir beobachteten Füllungsgrade seine Grenze noch nicht erreicht hatte. Hier bleibt der Druck im Wesentlichen unverändert, weil, wie wir annehmen, die Gefässwände abnorm gedehnt worden sind [1]).

Das zweite Territorium ist nun, wie ich geglaubt habe, für die Beurtheilung des normalen Fassungsvermögens des Gefässsystems das maassgebende. Während in meinen Versuchen unterhalb dieser Grenze Zeichen der Anämie und Verblutungskrämpfe und oberhalb dieses Territoriums (bei grösserer Füllung) nicht selten Brechbewegungen und wirkliches Erbrechen auftraten, kamen hier während des Versuchs keine krankhaften Symptome, keine Störungen zum Vorschein. Von den Druckverhältnissen in diesem Territorium habe ich in meiner vorigen Abhandlung eine kurze Skizze entworfen [2]). «Während der Abnahme der Blutmenge um ca. 20 bis 30 pCt. sinkt der Druck sofort auf eine niedrige Höhe, steigt aber schnell, spätestens im Verlaufe einer halben Minute, fast auf das ursprüngliche Niveau und hält sich nun unter continuirlichen Schwankungen auf demselbem. Es ist selbstverständlich, dass diese rasch eintretende Steigerung auf eine dauernde Druckhöhe keineswegs mit Hülfe der Annahme eines Ersatzes durch Resorption und Lymphzufluss erklärt werden kann, weil hiezu die Zeit eine viel zu kurze ist. Während der Zunahme der Blutmenge um 25 bis 50 pCt. steigt der Druck und sinkt kurze Zeit nachher rasch unter stetigen Schwankungen hin und her bis fast auf die ursprüngliche Höhe; es ist auch selbstverständlich, dass dieses rasche Sinken auf einen niedrigeren und dauernd verbleibenden Mitteldruck keineswegs mit Hülfe der Annahme des Austritts von Blutplasma erklärt werden kann, weil die Zeit des Ausgleiches eine viel zu kurze, und weil die Exsudation selbst bei der grössten Ueberfüllung eine verhältnismässig nur geringe ist. Die Druckänderungen bei der Abnahme und Zunahme der normalen Blutmenge sind also einander entsprechend, es geschieht immer eine Druck-

---

[1]) Cfr. *Worm Müller*, l. c. 651. *Dr. Lesser* in den Berichten der mathematisch-physischen Classe der Königl. Sächs. Gesellschaft der Wissenschaften. August 1874. S. 187—192.

[2]) *Worm Müller*, l. c. S. 656—658.

regulirung im Sinne des Normaldrucks». Diese Erscheinungen weisen darauf hin, dass hier Apparate in Thätigkeit sind, welche die Spannung stets auf den Normaldruck zurück zu bringen suchen. Da dieses unter continuirlichen Schwankungen geschieht, so liegt auch die Annahme nahe, dass diese regulirenden Einflüsse wesentlich von *nervöser* Natur sind. Diese Annahme gewinnt eine feste und sichere Stütze durch die Beobachtung, dass *bei Thieren mit durchschnittenem Halsmark* dieses Territorium weggefallen ist. Durch diese Thatsache wird es nicht allein höchst wahrscheinlich, dass im zweiten Territorium das Nervensystem regulirend eingreift, sondern auch dass vorzugsweise das *vasomotorische* Nervensystem hier in Betracht zu ziehen ist. In der That lassen die Druckänderungen in diesem Territorium sich genügend erklären mittelst der wohl begründeten Annahme, dass das vasomotorische Nervensystem dem Blutstrome eine bald grössere, bald geringere Anzahl von Gefässbahnen zugänglich macht.

Obwohl es durch diese Untersuchungen höchst wahrscheinlich gemacht worden ist, dass innerhalb gewisser Grenzen das Gefässsystem mit Hülfe der vasomotorischen Nerven einer grösseren oder geringeren Blutmenge sich accomodiren kann, ohne dass abnorme Dehnung der Gefässwände oder irgend ein krankhaftes Symptom auftritt, muss es doch zugegeben werden, dass meine bisher veröffentlichten Experimente in dieser Hinsicht nicht ganz bestimmte Schlüsse zulassen.

Die Grenze zwischen dem zweiten und dem dritten Territorium, das heisst die Grenze, bei welcher die Vermehrung der Blutmenge krankhafte Symptome hervorbringt, ist nicht genauer bestimmt. Ausserdem wurden die Versuchsthiere nur während eines ganz kurzen Zeitraumes, nämlich im Verlaufe der Einspritzungen und kurze Zeit nachher, untersucht. Dieser Zeitraum ist ein viel zu kurzer; für den Physiologen und für den Pathologen ist es viel mehr vom Belang zu wissen, ob die Thiere auf *die Dauer* die Zunahme resp. die Abnahme der normalen Blutmenge ertragen können, ohne dass der Organismus im wesentlichen Grade darunter leidet.

Meine *nächste* Aufgabe ist demgemäss das Schicksal der Thiere, bei denen die Blutmenge vermehrt resp. vermindert wird, durch einen längeren

Zeitraum hindurch zu verfolgen, hauptsächlich um dadurch genauere Aufschlüsse über die Capacität des Gefässsystems zu erhalten.

Es zerfällt dieses Studium in zwei Hauptabschnitte:

1) das Studium der Vermehrung der Blutmenge.
2) das Studium der Verminderung der Blutmenge.

In dieser Abhandlung werden wir uns mit experimentellen Studien über die Vermehrung der Blutmenge beschäftigen.

§ 2.

Der schädliche Einfluss der Vermehrung der Blutmenge hypothetisch. Die Zählungsmethode der Blutkörperchen nach *Malassez* von Bedeutung.

Während die Aerzte jedenfalls in früherer Zeit sich nicht gescheut haben das Blut pfundweise zu entleeren, haben sie zu jeder Zeit die Zunahme der Blutmenge sehr gefürchtet. Welch dominirenden Einfluss diese Tradition ausgeübt hat, geht am besten aus der Geschichte der Transfusion hervor. Seit den Jahren 1658 bis 1670, wo zuerst englische Naturforscher insbesondere *Lower*, *King*, *Coxe* und kurze Zeit nachher der französische Arzt *Jean Denis*, die ersten Transfusionsversuche ausführten, ist es bis zum heutigen Tage ausdrücklich als eine wesentliche Vorsichtsmaassregel hervorgehoben worden, dass in allen den Fällen, in denen unmittelbar vorher keine Blutung stattgefunden hatte, der Transfusion ein entsprechender Aderlass vorangehen muss, damit die Gefahr, welche die abnorm vermehrte Blutmenge hervorbringt, vermieden werde [1]). Diese depletorische Methode (Transfusio depletoria) hat wohl nur bei acuten Vergiftungen (Kohlenoxydvergiftungen u. s. w.) ihre rationelle Begründung [2]). Es ist, so weit ich sehe, nirgends ein unzweideutiger experimenteller Beweis für die Schädlichkeit der Vermehrung der Blutmenge geliefert worden. Man hat nur gezeigt, dass schnelles Einspritzen und das plötzliche Einführen grosser Blutmengen schädlich wirken, nicht aber, dass die Vermehrung der Blutmenge an und für sich Störungen hervorbringt.

---

[1]) Von dieser Regel haben einige Aerzte bei den Einspritzungen von sehr kleinen Blutmengen, z. B. 5 bis 6 Unzen eine Ausnahme gemacht.

[2]) Dr. A. *Eulenburg* und Dr. L. *Landois* „Die Transfusion des Blutes". Berlin 1866 S. 17—18.

Die eingewurzelte Lehre einer schädlichen Plethora hat kaum irgend eine experimentelle Grundlage; als Stütze für ein solches Krankheitsbild hat man in alten Tagen mehrere medicinische Erfahrungen hervorgehoben, z. B. gewisse Krankheitssymptome, die nach der Amputation einer ganzen Extremität auftreten sollen. Diese Symptome können wohl kaum ohne Weiteres als plethorische aufgefasst werden, und die bekannte Methode des Chirurgen *Esmarch* um die Blutung während der Amputation der Extremitäten zu vermeiden scheint weder primär noch sekundär die sogenannte Plethora hervorzurufen.

Vorläufig waren meine Versuche hinreichend um die Anschauung zu widerlegen, dass selbst eine geringe Vermehrung der Blutmenge ohne Weiteres krankhafte Symptome hervorbringen solle. Einen Schritt weiter bringt uns ein von Herrn *Mittler* im *Stricker*'schen Laboratorium ausgeführter Versuch, weil in diesem Experiment das Schicksal des Versuchsthiers durch einer längeren Zeitraum verfolgt wurde. Es wurde in diesem interessanten Versuche die Blutmenge eines kleinen Hundes *um ein Sechstel* vermehrt, ohne dass das Thier darnach abnorme Verhältnisse darbot [1]).

Mit vollem Rechte habe ich dieses Experiment das einzige unzweideutige genannt [2]). Es war ohne Complicationen, das Versuchthier wurde wenigstens 24 Stunden nach der Transfusion observirt und *Mittler* legt selbst, wie es scheint, sehr viel Gewicht darauf, dass direkte Transfusion des Blutes von derselben Species ohne irgend einen Schaden bei dieser nicht ganz geringen Vermehrung der Blutmenge geschehen konnte.

Einige andere Versuche sind freilich nicht so unzweideutig, wie dieser, aber doch wichtig genug. Ich werde deshalb diese Versuche genauer besprechen.

Bereits vor beinahe 100 Jahren hat der Italiener *Professor Rosa* ein ähnliches Experiment ausgeführt. Rosa hoffte im Jahre 1783 mit Hülfe der Transfusion experimentelle Beweise für seine Meinung zu finden, «dass die Arterien im lebenden Körper nicht ganz voll von Blut seien, sondern dass ihre Turgescenz von einem mit dem Blute verbundenen *vapore espansile*

---

[1]) „Versuche über Transfusion des Blutes", von *Dr. Heinrich Mittler*, Wiener Sitzungsberichte der Kaiserlicher Academie der Wissenschaften, Bd. LVIII, Abth. II, November-Heft. Jahrg. 1868. S. 8—9.

[2]) *Worm Müller*, l. c. S. 660.

animale abhingen [1])». «Dies veranlasste seine merkwürdigen Versuche, erzählt er, in seinen *Lettere fisiologiche*. Der berühmte *Scarpa* ist es, der Gehülfe *Rosas* dabei war, und dem der operative Theil dieser Versuche zukömmt.

Um durch ein entscheidendes Experiment auszumachen, ob die Blutgefässe ganz und gar vom Blute voll sind oder nicht, entschloss sich *Rosa*, die Transfusion an einem Thiere vorzunehmen, ohne ihm vorher das geringste Blut abzulassen, um dem neuen Blute Platz zu machen. Der Erfolg entsprach seinen Erwartungen.

Folgendes ist der Versuch: Aus der Carotis eines männliches Kalbes, welches 156 Pfund wog, wurde den 17. Februar 1783 das Blut in die Jugularvene eines weiblichen 141 Pfund schweren, schwachen und vor Frost zitternden Kalbes übergeleitet. Das Blut floss mit der grössten Leichtigkeit in die Venen desselben hinein. Das männliche Kalb wurde schwach, das weibliche schien wärmer zu werden. Wie der Strom des Blutes anfing schwächer zu werden, hörte man mit der Transfusion auf; das männliche Kalb wurde ohnmächtig, das weibliche schien muntrer, kam, wie man es losband, schnell auf die Füsse und ging munter umher. Nachdem man ersteres wieder gewogen, und es 150 Pfund schwer befunden hatte, liess man es zur Ader; es verlor noch über ein Pfund Blut. Letzteres (das weibliche Kalb) hatte, seit man es wog, zweimal den Urin gelassen, transpirirte nach der Operation beträchtlich, und schien fast zu schwitzen; wie man es wieder wog, fand man es 145 Pfund schwer; folglich hatte es wenigstens 5 Pfund Blut mehr bekommen.

Es war munter, fing aber doch allmählig an, sich zu verändern, die Flanken schlugen ihm oft und stark, und es bekam einen Drang entweder zum Husten oder zum Erbrechen. Eine halbe Stunde darauf legte sich dies alles, das Thier schien gesund und lebhafter. Es sollte indessen getödtet werden, welches man durch einen Stich in das Rückenmark am Nacken, und durch Oeffnung der Carotiden that. Es hatte ausserordentlich viel Blut, denn nach dem Tode hatte sein Gewicht bis auf 129 Pfund abgenommen.

Ich entscheide nicht, sagt Herr *Rosa*, ob dies Kalb im Stande gewesen wäre, mit einer so sehr vermehrten Blutmasse zu leben: aber es lebte doch

---

[1]) „Die Transfusion des Blutes" von *Paul Scheel*. Bd. 2. Copenhagen 1803. S. 132—134.

damit; dies viele Blut circulirte in ihm, und wenn man eine halbe Stunde abrechnet, wo vielleicht die Lungen etwas litten, so lebte es mehr als zwei Stunden ruhig und munter: Fünf Pfund Blut, ja nicht einmal vier oder drei Pfund könnten unmöglich in einem Kalbe Platz gefunden haben, dessen Gefässe mit seinem eignen ganz voll sind.»

Die Blutmenge war also um ca. 45 pCt. über die normale, wenn wir diese auf $\frac{1}{13}$ des Körpergewichtes schätzen, vermehrt worden.

Dieser Versuch hat hauptsächlich deshalb keine wesentliche Bedeutung, weil das Thier kurze Zeit nachher getödtet wurde.

Dagegen verdienen die von *Professor Panum* angestellten Versuche unsere volle Aufmerksamkeit. *Panum* hat zwei Versuche mit vermehrter Blutmenge ausgeführt [1]. Diese Versuche sind von Bedeutung, einmal, weil sie mit Hülfe der experimentellen Methoden, welche hier nöthig sind, ausgeführt worden, dann aber auch besonders darum, weil sie Rechenschaft geben, nicht nur über die Veränderung der Blutmenge, nachdem dieselbe durch Einspritzungen momentan vermehrt worden ist, sondern auch über das Befinden der Thiere im Laufe mehrerer Tage nach der Transfusion. Seine Untersuchungen sind als ein wesentliches Supplement der meinigen zu betrachten und ich werde deshalb seine Beobachtungen im Laufe dieser Abhandlung in extenso referiren.

Meine wesentliche Aufgabe besteht ja eben darin, zu bestimmen, um wie viel die Blutmenge vermehrt werden kann, ohne dass dadurch während eines längeren Zeitraumes (Wochen oder Monate) *krankhafte Symptome auftreten.*

Es war eigentlich meine Absicht mich ledliglich mit der Transfusion von Thierblut derselben Species zu beschäftigen. Ich habe indessen, wegen der durch die Herrn *Gesellius* und *Hasse* verbreiteten Einführung der

---

[1] *P. L. Panum,* „Experimentelle Untersuchungen über die Veränderungen der Mengenverhältnisse des Blutes und seiner Bestandtheile durch die Inanition" in „Virchows Archiv für pathologische Anatomie." Bd. 29. Jahrg. 1864. S. 258—264. In dem Theile meiner früheren Abhandlung, in welchem ich meine Anschauungen von Plethora kurz entwickelt habe, ist der Versuche *Panum's* keine Erwähnung gethan, nicht deshalb, weil ich diese Versuche übersehen habe, sondern weil ich diesen Theil meiner Abhandlung nur als eine vorläufige Mittheilung betrachtete.

Lammbluttransfusionen in die medicinische Praxis, auch die Vermehrung der Blutmenge mit Hülfe von Thierblut verschiedener Species studirt. Wir können deshalb diese Untersuchung in zwei grosse Abtheilungen theilen:

I. *Die Vermehrung der Blutmenge mittelst der Einspritzung von Blut derselben Species.* Je nachdem die Transfusion *A)* indirect (mit Hülfe einer Spritze «Transfusio infusoria») oder *B)* direct («Transfusio» im eigentlichen Sinne des Wortes) geschieht, müssen wir zwei Unter⁻abtheilungen unterscheiden

II. *Die Vermehrung der Blutmenge durch Einspritzung des Blutes von Thieren anderer Art oder Gattung.* Hier ebenfalls directe und indirecte Transfusion.

Als ein wesentliches Hülfsmittel für diese Untersuchung ist die Färbekraftbestimmung, insbesondere aber die von *Malassez* vorgeschlagene Methode der Blutkörperchenzählung zu betrachten [1]. Diese Methode gestattet dem Beobachter leicht und bequem die Abnahme resp. Zunahme der Blutkörperchen zu jeder beliebigen Tageszeit zu verfolgen und giebt wichtige Auskünfte über viele dunkle Fragen, die Transfusion betreffend.

Auf die Vortheile der Methode *Malassez*'s (Bequemlichkeit, Zuverlässigkeit) bin ich zuerst durch die Experimente aufmerksam gemacht worden, welche von Hr. Dr. *Bundtzen* im physiologischen Institute zu Copenhagen über die Aenderungen der Blutmenge unter und nach den Mahlzeiten angestellt worden sind. Es ist übrigens diese *Malassez*'s Methode der Blutkörperchenzählung bei den Transfusionsversuchen zuerst von dem Franzosen *Béhier*, aber nur in einem einzelnen Falle, angewandt worden [2].

§ 3.

I. Die Vermehrung der Blutmenge mittelst der Einspritzung von Blut derselben Species.

A. Die Vermehrung der Blutmenge mit Hülfe defibrinirten Blutes. Methoden.

Wir betrachten zunächst die Vermehrung der Blutmenge mittelst der indirekten Transfusion des Blutes derselben Species.

---

[1] „De la numération des globules rouges du sang" par *L. Malassez*. Paris. Adrien Delahaye 1873.

[2] *Béhier* „La transfusion du sang" in Gazette des hôpitaux 1874, No. 31, referirt im Centralblatte für Chirurgie 1874, No. 23. S. 364.

Bevor ich auf die Versuche eingehe, ist es nothwendig, meine experimentellen Methoden zu beschreiben.

Bekanntlich ist es bei den Transfusionsversuchen von wesentlichem Belang, das Blut *langsam* und *in Pausen* einzuspritzen, insbesondere, wenn man documentiren will, ob die Vermehrung der Blutmenge an und für sich irgend einen Einfluss hat.

Meine Versuche sind in der Regel an Hunden ausgeführt. *Das defibrinirte* [1]) Blut, vor Kurzem einem anderen Hunde entnommen oder (in zwei Versuchen, nämlich in Versuch 3 und Versuch 5) 24 Stunden vor dem Versuche in Eis aufbewahrt, wurde sorgfältig durch ein Atlasfilter filtrirt und in einem von warmem Wasser umgebenen Gefässe während der ganzen Versuchszeit auf eine Temperatur von *37 bis 38 ° C.* gehalten. Die Glasspritze mit Metalfassung, mittelst welcher die Einspritzungen in Vena [2]) jugularis oder femoralis geschahen, fasste ca. 34 bis 35 Ccm. Blut. Von dem Inhalte der Spritze wurden nur ca. 32 Ccm. transfundirt. Die restirenden 2 bis 3 Ccm. blieben in der Spritze zurück, weil es mir obliegend war Schaum zu vermeiden, der bekanntlich immer aus dem defibrinirten Blute aufsteigt. Der Inhalt der Spritze wurde langsam nämlich im Laufe von einer Minute übergeführt, darnach Pause von $1\frac{1}{2}$ á 2 Minuten, dann wieder Einspritzung im Laufe einer Minute u. s. w.

Vor der Transfusion wurden *a)* die Thiere gewogen *b)* eine kleine Blutportion aus der Vena jugularis zur Blutanalyse genommen; *nach* der Transfusion wurden wiederum die Thiere gewogen. Die erste Wägung geschah *vor* und nicht *nach* der Blutentziehung, weil ich *genaue Auskunft,* um *wie viel die Blutmenge vermehrt worden,* zu haben wünschte.

Um die Variationen der *Blutmenge* zu studiren habe ich während *mehrerer* Tage sowohl vor als nach der Transfusion die *Blutkörperchen des Versuchsthiers* mittelst der Methode von *Malassez* gezählt. Das Blut wurde durch einen Stich in die Lippe mit Hülfe einer lanzettenförmigen

---

[1]) Bekanntlich werden die Blutkörperchen, wenn sie in Berührung mit feuchten Gefässwänden kommen, mehr oder weniger aufgelöst. Um dies, welches vielleicht blutigen oder eiweishaltigen Urin bewirken könnte, zu vermeiden, waren die Gefässe, in denen das entleerte Blut aufgesammelt, defibrinirt und filtrit wurde, zuvor sehr sorgfältig getrocknet.

[2]) In die Vene wurde eine mit Hahn versehene Canüle eingeführt.

Nadel erhalten; auch die Blutkörperchen des *eingespritzten* Blutes wurden gezählt.

Die Cautelen bei der Methode von *Malassez* werden in einer anderen Abhandlung erörtert werden. Sie ist, wenn man nur für jede einzelne Bestimmung die Zahl der Blutkörperchen mehrere Male nachzählt, zuverlässig und giebt, wenn man zugleich die Zahl der eingespritzten Blutkörperchen controlirt hat, werthvolle Auskünfte über das Schicksal der Blutkörperchen des transfundirten Thieres und über die Variationen der Blutmenge. Um das Verfahren von *Malassez* zu controliren wurde *Welckers* Methode der Färbekraftbestimmung des Blutes angewandt. Die Bestimmung der Färbekraft des Blutes geschah nach den gewöhnlichen von *Welcker, Heidenhain* und *Panum* gegebenen Regeln [1]. Die Färbekraftbestimmungen und die Zählungen der Blutkörperchen mittelst der Methode von *Malassez* sind, wie ich in einer folgenden Abhandlung genauer erörtern werde, so übereinstimmend, dass schon hiedurch die grosse Zuverlässigkeit beider Methoden mit hohem Grade von Wahrscheinlichkeit bewiesen ist.

Ausserdem habe ich die Zahl der Blutkörperchen, ebenso wie seiner Zeit *Panum,* mittelst der Blutanalyse, nämlich: 1) aus der Differenz der festen Rückstände des Serums und des gequirlten Blutes, und 2) aus der Differenz der sp. Gewichte des Serums und des gequirlten Blutes bestimmt. Diese Methoden geben übrigens selten Resultate, die genau mit der Zählungen und den Färbekraftbestimmungen übereinstimmen. Es kann vielleicht der Fall sein, dass grosse Versuchsreihen mit vielen Controlanalysen gleichförmigere Resultate als die meinigen, liefern können, wie dies *Panum*'s Untersuchungen zu beweisen scheinen [2]. Controlanalysen wurden in der Regel nicht von mir ausgeführt, weil ich um grössere Complicationen zu vermeiden, nur einen sehr geringen Aderlass instituirte, so dass ich gewöhnlich kaum Blut zu einer einzelnen Analyse hatte. Ausserdem wurden diese Bestimmungen sehr selten nämlich nur zwei Mal im Laufe jeder Transfusion ausgeführt. Unmittelbar vor der

---

[1] *P. L. Panum* „Experimentelle Untersuchungen über die Veränderungen der Mengenverhältnisse des Blutes etc." Virchows Archiv. Bd. 29. S. 272. Jahrg. 1864.

[2] *P. L. Panum.* Virchows Archiv. Bd. 27. Jahrg. 1863. S. 274.

Einspritzung wurde eine Blutprobe genommen und ebenso einige Tage nachher. Die Methode hiebei war kurz folgende: Vom peripherischen Ende der geöffneten vena jugularis wurden

a) ca. 12 Ccm. Blut in ein hohes schmales Glas entleert und darin 24 Stunden aufbewahrt. Von dem ausgeschiedenen Serum wurden das sp. Gewicht und das Residuum durch Erwärmung auf 100 bis 110° C. bestimmt. Die Bestimmung des Residuums und des sp. Gewichts des Serums ist bei einem so geringen Quantum mit sehr vielen Schwierigkeiten [1]) verbunden, so dass zuverlässige Resultate nicht mit Sicherheit zu erreichen sind. Hierin liegt vielleicht die Quelle der geringen Uebereinstimmung zwischen den Resultaten der Analysen und denen der andern Methoden. Uebrigens ist aber, wie wir in einer anderen Abhandlung sehen werden, kaum eine nur einigermaassen vollständige Uebereinstimmung möglich;

b) darnach wurden ca. 10 bis 15 Ccm. Blut aufgefangen und in einem trockenen, gewogenen, mit einem geschliffenen Pfropfen gut verschlossenen Glase geschüttelt und durch ein kleines Atlasfilter filtrirt. Es ist von Wichtigkeit das Blut durch Atlas oder durch Leinwand zu filtriren, wenn man das defibrinirte und filtrirte Blut für die Färbekraftbestimmung verwenden will. Benützt man Fliesspapier, so wird auf dem Filtrum eine grosse Anzahl Blutkörperchen zurückgehalten, und das filtrirte Blut enthält eine verhältnismässig geringere Zahl. Der Faserstof auf dem Filtrum wurde wiederholt mit Wasser ausgewaschen, ausgepresst, bis er weiss war, mit einer Mischung von Alcohol und Aether digerirt, bei 100—105° getrocknet und gewogen; das *filtrirte* Blut wurde zur Bestimmung des sp. Gewichtes, des festen Rückstandes und der Färbekraft angewandt. Die Blutkörperchen desselben wurden gezählt und mit der Anzahl, welche ich durch das Zählen des ungefähr gleichzeitig mit dem Aderlasse durch den Stich in die Lippe erhaltenen Bluttropfens bekam, verglichen. Es ist nöthig, dass das defibrinirte Blut unmittelbar oder einige Stunden nach der Entleerung gezählt wird; spätestens darf die Zählung am folgenden Tage

---

[1]) Das Serum wird häufig mit Blut gemischt. Das sp. Gewicht eines so geringen Quantums kann nicht mit Genauigkeit bestimmt werden.

geschehen. Im letzteren Falle muss das Blut in einem gut verschlossenen Gefässe an einem kalten Orte aufbewahrt werden, wenn man die Zahl der Blutkörperchen in demselben einigermaassen genau angeben will; denn die Blutkörperchen des defibrinirten Blutes werden nicht selten sogar im Laufe eines Tages z. Th. aufgelöst, insbesondere wenn dasselbe an einem warmen Orte aufbewahrt wird; ja selbst in der Kälte wird es kaum eine Aufbewahrung von einigen Tagen ertragen. In jedem Falle muss vor der Zählung das defibrinirte Blut *gut geschüttelt* werden, denn sonst bekommt man leicht ein ungenaues Resultat und oft sehr grosse Abweichungen. Die Zählung der. Blutkörperchen des defibrinirten· Blutes ist überhaupt, selbst wenn alle Cautelen berücksichtigt werden, weniger zuverlässig. Dagegen erhält sich die *Färbekraft* des Blutes wie bekannt sogar mehrere Wochen hindurch so gut wie unverändert. Diese Art der Bestimmung kann daher, ohne die Zuverlässigkeit des Resultats zu stören, mehrere Tage aufgeschoben werden.

Da meine Hauptaufgabe darin besteht darüber genauere Auskünfte zu erhalten, in wie weit der Stoffwechsel durch die Vermehrung der Blutmenge modificirt wird, war es *nothwendig,* den Einfluss der Nahrungsmittel für einen *längeren* Zeitraum zu eliminiren. Beinahe eine Woche vor den Einspritzungen und ebenfalls eine Woche nach denselben fasteten die Thiere. In dieser Zeit wurden sie in den gewöhnlichen inwendig mit Zinkblech ausgekleideten Observationskasten aufbewahrt, aus welchen der Harn in eine untergestellte Flasche abfloss. Alle 24 Stunden wurde die Temperatur im Rectum gemessen, die Thiere gewogen, die männlichen Hunde katheterisirt und der Harn mittelst einer Spritze vorsichtig ausgesogen, die Harngläser entleert und die Menge und das sp. Gewicht des Harns bestimmt. Die Bestimmung des sp. Gewichtes ist leider weniger genau, weil das angewandte Aräometer nur gröbere Differenzen angab und der Harn nicht selten einige Tage, allerdings mittelst einer Glasplatte vor Verdampfung geschützt, aufbewahrt wurde, bevor die Bestimmung geschah; die Bestimmung kann aber dennoch relative Richtigkeit beanspruchen. **Anm.** Da es mir obliegend war, den Harn unmittelbar vor der Transfusion zu entleeren [1]), wurden sämmtliche männliche Hunde nicht allein einmal im

---

[1]) Um den Einfluss des eingespritzten Blutes auf die Harnabsonderung zu controliren.

Laufe von 24 Stunden, sondern auch unmittelbar vor der Transfusion katheterisirt.

Der Harnstoff wurde nach der *Liebig*'schen Titrirmethode bestimmt. Die Correction für Kochsalz wurde nicht berücksichtigt. Die Menge und Consistenz der Excremente wurden sowohl vor als nach der Transfusion untersucht.

Mittelst dieser bekannten und gewöhnlichen Methoden habe ich folgende Fragen, welche hauptsächlich unsere Aufmerksamkeit beanspruchen, zu beantworten gesucht. Diese Fragen betreffen:

1) *das Befinden der Thiere während und nach der Transfusion;*

2) *die Variationen der Blutkörperchen in dieser Zeit.* Dabei sind folgende Regeln zu berücksichtigen:

a) die Inanition hat einen unverkennbaren Einfluss auf die Zahl der Blutkörperchen; während der Hungerzeit nimmt die Zahl der Blutkörperchen gewöhnlich (relativ) zu. Es ist deshalb der Controle halber nöthig, dass man diese Variationen während einiger Hungertage vor der Transfusion studirt;

b) aus meinen früheren Untersuchungen ist ersichtlich, dass die Blutmenge nicht plötzlich zur Norm zurückkehrt [1]), weil die Exsudation während der Transfusion gewöhnlich eine sehr geringe war. Wenn man daher genauer nachweisen will, wie die Blutmenge sich ändert, muss man im Laufe der ersten Woche nach der Transfusion täglich mehrere Male die Variationen der Zahl der Blutkörperchen verfolgen. Eine einzelne Zählung hat natürlich keine Bedeutung; es gilt die Fluctuationen zu studiren.

Da die Blutkörperchen des eingespritzten Bluts ebenfalls gezählt wurden, hat man Data genug um die Aenderungen der Blutmenge durch die Variationen der Zahl der Blutkörperchen zu bestimmen. Eine sichere Formel lässt sich bei diesen Versuchen, die mit Mängeln und Fehlern behaftet sind, nicht aufstellen. Wir können indessen, da es hier nur darauf ankommt eine annähernd richtige Wahrschein-

---

[1]) Es scheint aus den zwei Versuchen *Panum*'s, welche wir später genauer beschreiben, hervorzugehen, dass die vermehrte Blutmenge nach 3—5 Tagen auf die Norm herabsinkt. Cfr. *Panum* in Virchows Archiv. Bd. 29. Jahrg. 1864. S. 258—264.

lichkeitsberechnung anzustellen, die in der Abhandlung von *Lesser* [1]) aufgestellte Formel benützen.

Nennen wir fi — die Zahl der Blutkörperchen des eingespritzten defibrinirten Blutes (resp. die Färbekraft dieses Blutes);

$fu =$ die Zahl der Blutkörperchen des Versuchsthieres (resp. die Färbekraft dieses Blutes) vor der Transfusion;

$fm =$ die Zahl der Blutkörperchen des Versuchsthieres (resp. die Färbekraft dieses Blutes) nach der Transfusion;

$vi =$ das eingespritzte Blutquantum;

vu — die sogenannte normale (ursprüngliche) Blutmenge des Versuchsthieres ($= \frac{1}{13}$ des Körpergewichtes);

und $vm =$ die Blutmenge des Versuchsthieres nach der Transfusion, so ist

$$vm \ fm \qquad vi \ fi + vu \ fu.$$

fi und vi lassen sich annähernd richtig bestimmen, ebenfalls auch fu und fm, weil die Zahl der Blutkörperchen nach *Malassez's* und meinen Untersuchungen in den verschiedenen Gefässbezirken nicht sehr erheblich variirt und eine gleichförmige Mischung des eingespritzten und des ursprüngliches Blutes höchst wahrscheinlich sofort geschieht. Die Zahl der Blutkörperches des Lippenblutes ist ganz gewiss ein ziemlich zuverlässiger Index für die Zahl der Blutkörperchen in vielen Gefässbezirken.

3) *Den Einfluss des eingespritzten Blutes auf die Ernährung des Organismus.* Wir werden hier insbesondere die Aenderungen des Körpergewichtes und der Harnstoffsecretion im Laufe einiger Tage vor und nach der Transfusion, die Zählungen der Blutkörperchen und gelegentlich die Blutanalysen betrachten.

---

[1]) *Dr. L. Lesser* „Ueber die Anpassung der Gefässe an grosse Blutmengen" in den Berichten der mathematisch-physischen Classe der Königl. Sächs. Gesellschaft der Wissenschaften 1874. S. 167.

§ 4.

A. Specielle Versuche über die Vermehrung der Blutmenge durch defibrinirtes Blut. — *a) Versuche*, in denen die Blutmenge um höchstens 83 pCt. vermehrt wurde.

Die Versuche mit defibrinirtem Blute können in zwei Gruppen eingetheilt werden:

a) Versuche, in denen die Blutmenge um höchstens 83 pCt. vermehrt wurde.

Bei diesen Versuchen waren während der Observationszeit keine krankhaften Symptome zu bemerken.

b) Versuche, in denen den Thieren zum Mindestens noch einmal so viel Blut, als sie ursprünglich besassen, beigebracht wurde.

Diese Versuche wurden nur zweimal ausgeführt und hatten einen tödtlichen Ausgang. Dabei ist aber zu bemerken, dass das eine Versuchsthier bereits vorher äusserst abgemagert war, und dass das andere an einer Pleuropneumonie litt.

a) Die Hauptversuche wurden an Hunden ausgeführt.

Versuch I.

In diesem Versuche wurde die Blutmenge *um ca. 28 pCt.* vermehrt. Die Versuchsergebnisse gehen aus folgender tabellarischen Uebersicht hervor:

Versuch I.
Defibrinirtes Blut eingespritzt;

1874. Datum.	Körpergewicht in Kilo.	Gewichtsverlust in Kilo.	Gewichtsverlust auf 1 Kilo Körpergewicht in Gr.	Harn in Ccm.	Sp. Gewicht.	Harnstoff in Gr.	Harnstoff auf 1 Kilo Körpergewicht in Gr.	Harnstoff auf 1 Kilo Gewichtsverlust in Gr.	Die Zahl der Blutkörperchen in 1 Cubikmillimeter.
25. Juli	6,230			82	1,063	5,99			5,922400
26. Juli	6,110	0,120	19,64	39	1,067	3,01	0,493	25,08	6,419600
27. Juli	6,010	0,100	16,639	43	1,072	3,318	0,552	33,18	6,726500
28. Juli	5,910	0,100	16,92	36	1,075	3,024	0,512	30,24	6,798000
	6,100								7,648740
29. Juli	5,790	0,120	20,725	90	1,07	6,865	1,186	57,21	7,953000
30. Juli	5,650	0,140	24,779	53	1,07	4,891	0,866	34,94	6,864000
31. Juli	5,510	0,140	25,408	60	1,069	4,991	0,906	35,65	6,622000
1. August	5,380	0,130	24,164	49	1,06	3,587	0,667	27,59	6,061000
2. August	5,270	0,110	20,873	42	1,068	3,118	0,592	28,35	5,998740
3. August	5,320								
4. August	5,470								5,615500

Hund No. 1.
die Blutmenge um ca. 28 pCt. vermehrt.

Die Zahl der gezählten Blutkörperchen im Mittel	Die einzelnen Zählungen		Temp. in Rectum.	Excremente in Gr.	Nahrung in Gr.	Versuch.	Anmerkungen.
	I.	II.					
269,2	257 280 273	271 265					
291,8	272 288	300 301 298					
305,75	303 311	301 308					
309	317 301		39,9° C.	10 Gr.		vor- transfusion	Die Transfusion dauerte 14 Minuten.
347,67	329 354 360		39° C.	2–3 Gr.		her. nach- Transfusion her.	Diese Zählung geschah ca. 3 Stunden nach der Transfusion.
361,5	360 358	369 359					
312	301 315 299	311 326 320					
301	312 310	296 286	39° C.	5 Gr.			
275,5	269 259	286 288					
272,67	258 282 278				125 Ccm. Milch, 15 Ccm. Wasser.		
					193 Ccm. Milch, 48 Ccm. Wasser.		
255,25	273 263	243 242			60 Grm. Fleisch, 57 Ccm. Milch, 38 Ccm. Wasser.		

Die Tabelle versteht sich von selbst ohne weitere Erörterung. — Nur möchte ich hinsichtlich der Zählungen bemerken, dass gewöhnlich zwei Blutproben von der Lippe genommen und dass jede von diesen 3—4 mal (an verschiedenen Orten der Glasröhre *Malassez's*) gezählt wurde. Aus diesen Zählungen wurde die Durchschnittszahl genommen; so ist z. B. am ersten Tage (den 25ten Juli) die Zahl 269,2 die Durchschnittszahl von 5 einzelnen Zählungen (Blutprobe I ergab: 257, 280, 273; Blutprobe II: 271, 265). Um die Zahl der Blutkörperchen in 1 Cubikmillimeter zu erhalten, ist die Zahl 269,2 mit dem Grade der Verdünnung (200), und ferner mit der Constante 110 zu multipliciren; 269,2 giebt mit diesen 2 Factoren multiplicirt 5,922400 Blutkörperchen.

Die Temperatur im Rectum unmittelbar vor der Transfusion 39,9° C. und unmittelbar nachher 39° C. Abgesehen von einem kleinen Blutstreifen in den sehr harten Excrementen, welche unmittelbar nach der Transfusion entleert wurden, waren keine abnormen Symptome zu beobachten. Nachdem das Thier eine halbe Stunde nach der Operation in den Kasten eingesetzt worden war, trat eine Blutung (ca. 60—65 Ccm.) vom oberen Theile der Wunde ein, die Blutung wurde durch die Anlegung einer Klemmpincette an diesem Orte sistirt.

Da die Gewichtszunahme nach der Transfusion 190 Gr. betrug und eine Stunde nachher ca. 60 Ccm. Blut verloren gingen, so ist die Blutmenge nur um 125—130 Ccm. also um ca. 28 pCt. der ursprünglichen, (welche bei einem Körpergewicht von 5910 Gr. auf 460 Gr. zu schätzen ist), vermehrt worden.

1) Das Befinden des Thieres wurde durch die Transfusion *nicht* merklich beeinflusst, kein Fieber.

2) Die Zählungen der Blutkörperchen vor und nach der Transfusion zeigen, *dass die Blutmenge in der ersten Zeit nach der Transfusion vermehrt wurde, dass sie aber, vielleicht bereits nach 24 Stunden, fast auf die ursprüngliche Menge herabgesunken ist.* Unmittelbar vor der Transfusion war die Zahl der Blutkörperchen des Versuchsthiers 309, die Blutkörperchen des eingespritzten Blutes betrugen ca. 275, die Blutmenge war um ca 28 pCt. vermehrt; nach der Wahrscheinlichkeitsberechnung würde man bei der Rückkehr der Blutmenge auf die Norm eine Steigerung der Zahl der Blutkörperchen auf 387 (also eine Zunahme um ca. 25 pCt.), zu erwarten haben [1]. Die Annahme einer solcher Steigerung ist wohl begründet, weil allen Untersuchungen zufolge die eingespritzten Blutkörperchen im Gefässsystem von Individuen derselben Species sich lebensfähig zu erhalten scheinen [2]. Drei Stunden nach der Transfusion war die Zahl der Blutkörperchen um 12,5 pCt. und den folgenden Tag um 17 pCt. vermehrt worden. Hieraus lässt sich schliessen:

a) dass die Blutmenge im erheblichen Grade in den ersten Stunden nach der Transfusion vermehrt war,

b) dass die Exsudation zwar allmählig, aber doch so schnell geschah, dass bereits 3 Stunden nach der Transfusion ein Flüssigkeitsquan-

---

[1] $fm = \dfrac{vifi + vufu}{vm}$; in diesem Falle ist vm = vu.

[2] Cfr. *Panum* in Virchows Archiv. Bd. 29. Jahrg. 1864. S. 258—266.

tum, welches beinahe der Hälfte der eingespritzten Blutmenge entspricht, durch die Gefässe herausgetreten ist,

c) dass die Blutmenge bereits 24 Stunden nach der Transfusion auf ein Quantum, das sich der Norm nähert, herabgesunken ist.

Aber — 40 Stunden nach der Transfusion hatte die Zahl der Blutkörperchen plötzlich abgenommen; sie war jetzt ungefähr dieselbe wie vor der Operation. Hierauf werden wir weiter unten zurückkommen.

3) Mit Rücksicht auf die Bedeutung des eingespritzten Blutes für die Ernährung des Organismus, haben wir die Aenderungen a) des Körpergewichts und b) der Harnstoffmenge nach der Operation gesondert zu betrachten.

a) Vor der Transfusion Gewichtsverlust pr. Tag 100—120 Gramm, nach der Transfusion 110—140 Gramm; ja selbst in den ersten 24 Stunden nach der Transfusion war der Gewichtsverlust 120 Gramm, trotzdem dass 130 Grm. eingespritzt worden; der absolute Gewichtsverlust war also an diesem Tage 250 Grm. *Die Abnahme des Körpergewichtes wurde also in keinerlei Weise durch die Transfusion vermindert.*

b) *Dagegen wurde die Harn- und Harnstoffsecretion sehr erheblich durch die Transfusion gesteigert.* Vor der Transfusion war die tägliche Harnmenge ca. 40 Ccm., in den ersten 24 Stunden nach der Transfusion war dieselbe 90 Ccm. und in den 3—4 folgenden Tagen 50—60 Ccm. pr. 24 Stunden. Die Harnstoffmenge, welche während der Inanitionszeit vor der Transfusion 3 Grm. in 24 Stunden betrug, wurde in den ersten 24 Stunden nach der Transfusion mehr als verdoppelt, indem sie 6,9 Grm. betrug; in den zwei darauf folgenden Tagen war dieselbe beinahe 5 Grm. in 24 Stunden; von nun an sank sie auf das ursprüngliche Quantum (3 Grm.) zurück.

Die Harnstoffmenge war also im erheblichen Grade vermehrt.

Zum Verständnisse hievon sind zwei Momente zu berücksichtigen:

1) *Die Vermehrung der Flüssigkeitsmenge des Gefässsystems an und für sich.* Ebenso wie reichliches Trinken eine absolute Zunahme der Harnstoffsecretion bewirkt, musste auch hier ein ähnliches Ausspülen von Harnstoff stattfinden. Dass dieses Moment nicht ganz ausser Be-

tracht gelassen werden kann, geht aus der bedeutenden Harnmenge hervor, die in den ersten Tagen nach der Transfusion entleert wurde. Wenn wir aber berücksichtigen, dass das sp. Gewicht des Harns sich ungefähr gleich blieb (vor der Transfusion sp. Gewicht 1,075, in den ersten Tagen nach der Transfusion 1,070) und ferner dass die Harnstoffmenge um mehr als das Doppelte zunahm, so kann kein Zweifel darüber obwalten, dass auch ein vermehrter Umsatz stickstoffhaltiger Substanzen stattgefunden habe.

2) *Der Ueberschuss von stickstoffhaltigen Substanzen,* welcher durch das eingespritzte Blut eingeführt wurde. Sind wir nun aber vor der Hand darauf angewiesen die vermehrte Harnstoffausscheidung hauptsächlich hieraus abzuleiten, so haben wir weiter zu fragen: kommen die im Blutplasma enthaltenen stickstoffhaltigen Substanzen oder die Blutkörperchen oder sowohl das Blutplasma als die Blutkörperchen in Betracht?

Vorläufig ist zu vermuthen, dass die grosse Vermehrung der Harnstoffmenge [1]) in den ersten 24 Stunden nach der Transfusion hauptsächlich von den im *Plasma* des eingespritzten Blutes enthaltenen Albuminaten herrührt; es ist ja bewiesen, dass die Exsudation in dieser Zeit eine erhebliche, und es war kein Zeichen dafür vorhanden, dass eine grössere Zahl von Blutkörperchen zerstört wurde; die (relative) Zunahme der Zahl der Blutkörperchen war vielmehr, wie wir gesehen haben, während des ersten Tages sehr erheblich.

Zwei Tage nach der Transfusion hatten sich aber die Verhältnisse anders gestaltet. Die Zahl der Blutkörperchen hat plötzlich abgenommen; sie ist wiederum dieselbe wie unmittelbar vor der Transfusion, nämlich ca. 310; von nun an ein tieferes Herabsinken, am vierten Tage auf 301 und am fünften Tage auf 276. Dieses Sinken der Zahl der Blutkörperchen ist um so auffallender, als die Zahl der Blutkörperchen während der Hungerzeit vor der Transfusion (cfr. die Tabelle) zugenommen hatte. Vor der Transfusion nahm die Zahl der Blutkörperchen im Laufe von 3—4 Hungertagen um ca. 15 pCt. zu; nach der Transfusion dagegen nahm die

[1]) 3 Grm. pr. 24 Stunden vor der Transfusion, beinahe 7 Grm. in den ersten 24 Stunden nach der Transfusion.

Zahl der Blutkörperchen, nachdem das Maximum erreicht war, während der drei darauf folgenden Tage um ca. 24 pCt. ab. Es kann diese Abnahme möglicherweise ihre Erklärung durch die Aenderungen der Harnstoffsecretion finden; während der Hungerzeit vor der Transfusion war die Harnstoffmenge, wie erwähnt, 3 Grm. in 24 Stunden; nach der Transfusion dagegen war sie nicht allein in den ersten 24 Stunden, sondern auch in den darauf folgenden 2—3 Tagen (ca. 5 Grm. pr. Tag) erheblich vermehrt; während desselben Zeitraumes nahm ebenfalls die Zahl der Blutkörperchen ab; am vierten Tage nach der Transfusion war diese auf 276 herabgesunken und die Harnstoffmenge jetzt nur 3,6 Gram in 24 Stunden. Von nun an blieb die Zahl der Blutkörperchen sich ungefähr gleich, und die Harnstoffproduction dieselbe (ca. 3 Grm.) wie vor der Transfusion. Es lässt sich hieraus mit einer gewissen Wahrscheinlichkeit vermuthen, dass diese Abnahme der Zahl der Blutkörperchen mit der Vermehrung der Harnstoffmenge im Zusammenhang steht.

Wir ziehen also den Schluss, dass in diesem Versuche höchst wahrscheinlich die Vermehrung der Harnstoffmenge von der Zersetzung sowohl der im Blutplasma als der in den Blutkörperchen enthaltenen stickstoffhaltigen Substanzen herrührt; dass die Vermehrung der Harnstoffsecretion im ersten Tage nach der Transfusion vorzugsweise durch die Albuminate des eingespritzten Blutplasma, dass sie in den folgenden 3—4 Tagen dagegen durch die Destruction einer grösseren Zahl von Blutkörperchen bedingt ist. — Disse Schlüsse müssen aber immer noch mit Vorsicht aufgenommen werden, weil der Versuch nicht ohne Complicationen gewesen. Fast unmittelbar nach der Transfusion verlor nämlich der Hund durch einen Unfall 60 Ccm. Blut. [1] Die Bedeutung dieses Blutverlustes, den ich übrigens in meiner Berechnung berücksichtigt habe, ist nicht leicht zu schätzen.

Versuch II.

Die Blutmenge wurde um wenigstens 30 pCt. vermehrt.

---

[1] Die Blutkörperchen konnten in diesem Blute nicht gezählt werden.

Versuch II.
Defibrinirtes Blut eingespritzt;

1874. Datum.	Körpergewicht in Kilo.	Gewichtsverlust in Kilo.	Gewichtsverlust auf 1 Kilo Körpergewicht in Gr.	Harn in Ccm.	Sp. Gewicht.	Harnstoff in Gr.	Harnstoff auf 1 Kilo Körpergewicht in Gr.	Harnstoff auf 1 Kilo Gewichtsverlust in Gr.	Die Zahl der Blutkörperchen in 1 Cubikmillimeter.
20. Juni	9,260								
21. Juni	9,220			160	1,059	9,89			
22. Juni	8,830	0,390	44,17	155	1,042	6,51	0,737	16,7	
23. Juni	8,550	0,280	32,75	85	1,050	5,92	0,692	21,14	7,590000
24. Juni	8,325	0,225	27,03	91	1,063	5,6	0,673	24,9	8,426000
25. Juni	8,130	0,195	23,99	84	1,065	5,9	0,726	30,26	8,547000
26. Juni	7,903	0,227	28,72	90	1,067	5,95	0,753	26,21	8,789000
27. Juni	8,600			320	1,075	29,03			7,735200
28. Juni	8,555								7,671400
29. Juni	8,450			285	1,07	23,1			
30. Juni	8,660 [1])								7,128000
1. Juli	8,450			300	1,045	15,3			
2. Juli	8,100	0,350	43,21						7,538740
3. Juli	7,790	0,310	39,79	105	1,053	5,99	0,769	19,3	7,218200
	7,960								8,245600
4. Juli	7,505	0,285	37,97	247	1,035	7,04	0,938	24,7	9,116800
5. Juli	7,270	0,235	32,32	135	1,05	7,78	1,07	33,1	8,734000
6. Juli	7,050	0,220	31,21	121	1,057	8,02	1,138	36,45	9,532600
7. Juli	6,825	0,225	32,97	108	1,065	8,42	1,234	37,42	9,829600
8. Juli	6,585	0,240	36,45	128	1,067	10,63	1,614	44,30	9,869200
9. Juli	6,390	0,195	30,52	108	1,067	9,3	1,455	47,69	9,658000
10. Juli	6,165	0,225	36,5	137	1,07	12,52	2,031	55,64	10,696400
11. Juli	5,970	0,195	32,66	132	1,073	12,07	2,022	61,9	10,450000

[1]) Zwei Stunden nach der Fütterung gewogen.

die Blutmenge um wenigstens 30 pCt. vermehrt.

Die Zahl der gezählten Blutkörperchen im Mittel.	Die einzelnen Zählungen. I.	II.	Temp. im Rectum.	Excremente in Gr.	Nahrung in Gr.	Versuch.	Anmerkungen.
345	330 360			17		Inanition.	
383	396	378 375					
388,5	393 384	390 387					
399,5	390 413 390 405				185 Gr. Fleisch, 125 Gr. Brod, 358 Ccm. Wasser.		
351,6	344 342 341	354 377			300 Ccm. Wasser, 134 Gr. Fleisch, 67 Gr. Brod.		
348,7	355 352	335 339 340 371		72	147 Gr. Fleisch, 73 Gr. Brod, 90 Ccm. Wasser.		
				156	132 Gr. Fleisch, 60 Gr. Brod, 180 Ccm. Wasser.		
324	315 313 318	337 337 324			137 Gr. Fleisch, 32 Gr. Brod.		
342,67	355 337 351	349 323 341		50			
328,1	333 342 333	286 318 297 362 354	38,5° C.	30		Transfusion.	Die Dauer der Transfusion 14 Minuten.
374,8	373 376	380 392 353	38,6° C.				Diese Zählung geschah 5 Stunden nach der Transfusion.
414,4	440 421 424	391 400 394 415 424	39° C.				
397	372 413 412 410	400 384 388				Inanition.	
433,3	409 445 446	438 437 425					
446,8	457 442 454	449 438 441					
448,6	461 458	440 441 443	38,5° C.				
439	434 436	460 426					
486,2	479 507	493 463 489	38,2° C.				Es wurde heute (11 Juli) wiederum Transfusion (735 Gr. Blut) ausgeführt. Dieser Versuch, welcher den Tod des Thieres veranlasste, ist beschrieben S. 39—43.
475	472 478						

Nachdem das Thier in 3 Tagen gehungert hatte, geschah die Transfusion. Vor der Operation Körpergewicht 7790, unmittelbar nachher 7960 Grm., Differenz 170 Grm.; wenn 10—15 Ccm. Harn, die unmittelbar nach der Transfusion abgingen, hinzugerechnet werden, war die Gewichtszunahme im Ganzen 180—185 Grm., also wurde die Blutmenge um ca. *31 pCt.* [1] vermehrt

1) Das Befinden des Thieres wurde durch die Transfusion nicht merklich beeinflusst. Unmittelbar nach der Operation schien es Nisus mingendi zu haben und liess ca. 10 Ccm. Harn abgehen, der einen schwach röthlichen Anstrich hatte [2]. Der späterhin entleerte Harn enthielt weder Blut noch Eiweiss; die Temp. im Rectum hielt sich auf ca. 38,5⁰ C.

2) Die Zählungen [3] ergeben, dass die Ueberfüllung nur von kurzer Dauer war und dass die Blutmenge wahrscheinlich schon nach einem Tage auf das ursprüngliche Quantum herabsank. Das ' Blut des Versuchsthieres enthielt unmittelbar vor der Transfusion 328, das eingespritzte Blut 8,5 pCt. weniger nämlich ca. 300. Es müsste daher die Zahl der Blutkörperchen, wenn keine Exsudation stattgefunden hätte, der Wahrscheinlichkeitsberechnung [4] zufolge, unmittelbar nach der Transfusion ca. 323 gewesen sein, also ein wenig abgenommen habeu; 5—6 Stunden nach der Transfusion fand ich aber die Zahl 375 also eine *Steigerung* um 16 pCt.; es schien demgemäss ungefähr die Hälfte der eingespritzten Flussigkeit bereits durch die Gefässwände ausgeschwitzt zu sein. Sobald die Blutmenge auf die Norm herabgesunken war, müsste man eine Zunahme bis 420 erwarten; 24 Stunden nach der Transfusion haben wir bereits *414, also fast die der Berechnung entsprechende Zahl.*

Von nun an sind die Variationen der Zahl der Blutkörperchen vom Versuch I verschieden; während im Versuch I die Zahl der Blutkörperchen nach 48 Stunden erheblich vermindert wurde, nahm die Zahl

---

[1] Die normale Blutmenge ist bei einem Körpergewicht von 7790 Grm. auf 600 Grm. zu schätzen.

[2] Ob die ganz schwach rothe Farbe wirklich von Blutfarbstoff herrührte, wurde nicht untersucht; keine Blutkörperchen.

[3] Die Zählungen wurden wiederholt durch Färbekraftbestimmungen und Blutanalysen controlirt.

[4] *vm* hier $= vu + vi$.

der Blutkörperchen in diesem Versuche durch die ganze Beobachtungszeit hindurch zu; drei Tage nach der Transfusion haben wir 433,
und einige Tage später 486, also im Ganzen eine Zunahme um
ca. 48 pCt. *Die eingespritzten Blutkörperchen lebten also
nicht allein längere Zeit hindurch in dem neuen Gefässsystem,
sondern sie schienen eine grosse Resistenzfähigkeit zu besitzen,
indem ihre Zahl (relativ) erheblich zunahm.*

3) Auch dieser Versuch zeigt mit Bestimmtheit, dass die Thiere nicht
mittelst der Transfusion ernährt werden können; der tägliche Gewichtsverlust nach der Transfusion war ungefähr ebenso gross wie in den
Hungertagen einige Zeit (11—12 Tage) vor der Transfusion.
In diesen Tagen (cfr. die Tabelle) schwankte der Gewichtsverlust
zwischen 195—280 Grm [1]); nach der Transfusion schwankte der Gewichtsverlust zwischen 195—285 Grm. Der Gewichtsverlust war
vielleicht am grössten nach der Transfusion.

Wir wollen uns nicht weiter bei der Zunahme der Harnmenge aufhalten,
die auch in diesem Versuche in den ersten 24 Stunden nach der Transfusion
eintrat [2]), sondern wollen unsere Aufmerksamkeit auf die merkwürdigen
Aenderungen der Harnstoffmenge hinlenken. Es fand hier nicht wie im
Versuch I. eine plötzliche Zunahme in den ersten 24 Stunden und darnach
ein allmähliges Herabsinken auf die ursprüngliche Grösse statt; im Gegen-
theil die Harnstoffmenge nahm hier die ganze Zeit hindurch allmählig
zu; in der Hungerzeit vor der Transfusion wurden 5,6—6 Grm. Harnstoff pr. Tag secernirt, in den ersten 24 Stunden nach der Transfusion 7
Grm. Die Vermehrung war also eine geringe. Bemerkenswerth ist
aber *nun* die successive Zunahme von 7 bis auf 12,5 Grm. in 24 Stunden;
die Harnstoffmenge stieg also während dieser Hungerzeit auf eine Grösse,
die der Harnstoffproduction eines Thieres von diesem Gewichte bei gewöhn-
licher Nahrung ungefähr entspricht [3]). Diese Zunahme geschah, ohne

---

[1]) Von dem ersten Hungertage sehen wir ab.

[2]) Die tägliche Harnmenge betrug unmittelbar vor der Transfusion 105 Ccm.,
in den ersten 24 Stunden nachher war dieselbe 247 Ccm.

[3]) Das specifische Gewicht des Harns war einige Tage nach der Transfusion
eher höher als zuvor.

dass Fieber nachweisbar war; denn die Temp. im Rectum war die ganze Zeit hindurch 38—39⁰ C.

Auf Kosten der eingespritzten Blutkörperchen allein oder auch nur vorzugsweise, konnte diese grosse Harnstoffproduction kaum geschehen sein; die Anzahl der Blutkörperchen nahm ja, wie wir eben gesehen haben, enorm zu. Ebenso kann man unmöglich annehmen, dass das eingespritzte Blutplasma hinlängliches Material für einen so langen Zeitraum geliefert habe. Eher lässt sich vermuthen, dass hier eine vermehrte Oxydation auch auf Kosten der in den Geweben des Körpers enthaltenen Albuminate stattgefunden; vielleicht hat die grosse Zahl der Blutkörperchen auf irgend eine Weise[1]), einen rascheren Stoffumsatz begünstigt. — Immerhin bleibt also die Zunahme der Harnstoffmenge während dieser langen Zeit dunkel.

Versuch III.

Die Blutmenge wurde *um 58 pCt.* vermehrt.

---

[1]) Es lässt sich denken, das die Blutkörperchen als die Träger des Sauerstoffs dem Organismus in dieser Zeit eine grössere Sauerstoffmenge zugeführt und dadurch vielleicht eine vermehrte Oxydation bedingt haben.

Versuch III. Hund No. 8.

Defibrinirtes Blut (in Eis 20 Stunden aufbewahrt) eingespritzt; die Blutmenge wurde um wenigstens 58 pCt. vermehrt.

1874. Datum.	Körpergewicht in Kilo.	Gewichtsverlust in Kilo.	Gewichtsverlust auf 1 Kilo Körpergewicht in Gr.	Harn in Ccm.	Sp. Gewicht.	Harnstoff in Gr.	Harnstoff auf 1 Kilo Körpergewicht in Gr.	Harnstoff auf 1 Kilo Gewichtsverlust in Gr.	Die Zahl der Blutkörperchen in 1 Cubikmillimeter.	Die Zahl der gezählten Blutkörperchen im Mittel.	Die einzelnen Zählungen. I.	II.	Temp. im Rectum.	Karrenrate in Gr.	Nahrung in Gr.	Versuch.	Anmerkungen.
26. August	7,200			92	1,06	4,085	0,567		5,988400	272,2							
27. August	6,900	0,300	43,48	107	1,05	5,008	0,726	16,693	6,255260	284,33						Transfusion	
28 August	6,710	0,190	28,32	79	1,06	4,629	0,690	24,205	6,402000	291			38,8° C.				Die Dauer der Transfusion 24 Minuten.
	7,010								8,719260	396,33			38,6° C.				Diese Zählung geschah einige 50 Minuten nach der Transfusion.
									8,492000	386							Diese Zählung geschah 4 Stunden nach der Transfusion.
29 August	6,505	0,205	31,51	343	1,04	10,26	1,577	50,049	8,828200	378,6							Diese Zählung geschah 10 Uhr Vormittag.
									8,668000	394							Diese Zählung geschah 2½ Uhr Nachmittag.
30. August	6,321	0,184	29,11	46	1,073	5,997	0,949	32,592	9,512800	182,4							Diese Zählung geschah 11 Uhr Vormittag.
									9,509500	182,25							Diese Zählung geschah 5 Uhr Nachmittag.
31. August	6,125	0,196	32,0	79	1,073	6,115	0,998	31,199	10,235500	165,25						Inanition.	
1. Septbr.	5,950	0,155	25,96	64	1,078	5,191	0,92	35,126	9,218000	419							
2. Septbr.	5,820	0,150	25,77	66	1,079	5,584	0,959	37,227	8,970500	407,75							
3. Septbr.	5,665	0,155	27,36	63	1,078	5,770	1,019	37,226	8,780000	384,5							
4. Septbr. 5. Septbr. 6. Septbr.	5,225	0,440		167		15,181			9,207000	418,5							
			Der Hund bekam in 12 Tagen wiederum Nahrung.														
19. Septbr.	6,510			150	1,068	8,91			5,115080	246,14						Ernährung.	
20. Septbr.	6,280	0,230	36,62	96	1,045	2,94	0,468	12,788	5,507260	250,33							
21. Septbr.	6,030	0,250	41,46	62	1,080	3,26	0,54	13,04									
			Der Hund bekam wiederum Nahrung														
25. Septbr.	5,750								5,178000	219							Der Hund befindet sich fortdauernd wohl.

Das eingespritzte Blut war 20 Stunden in Eis aufbewahrt. Unmittelbar vor der Transfusion Körpergewicht 6710 Grm., nach der Operation 7010 Grm. also die Zunahme 300 Grm., d. h. eine Vermehrung der normalen Blutmenge, die bei einem Körpergewicht von 6710 Grm. auf 517 Grm. zu schätzen ist, um *58 pCt.*

Die Temperatur im Rectum unmittelbar vor der Transfusion 38,8° C. und unmittelbar nachher 38,6° C.

1. Das Befinden des Thieres unverändert. Der Harn in den ersten 6—7 Tagen nach der Operation intensiv gelbbraun gefärbt, aber wie sonst ohne *Blut, Eiweiss,* Gallenfarbstoff oder Zucker.

2. Die Zahl der Blutkörperchen [1] unmittelbar vor der Transfusion 291, ihre Zahl im eingespritzten Blute ca. 300. Da die Blutmenge um 58 pCt. vermehrt war, musste man, sobald die Blutmenge auf die Norm herabsank, eine Steigerung. der Zahl der Blutkörperchen auf 465 erwarten.

Ca. 20 Minuten nach der Transfusion war die Zahl 396, also eine Vermehrung um beinahe 35 pCt.; dieses ist wiederum ein Beweis dafür, dass ca. die Hälfte des eingespritzten Plasma binnen kurzer Zeit ausschwitzt. Von nun an trat, jedenfalls in den ersten 24 Stunden, Stillstand ein, indem die Zahl am folgenden Tag ebenfalls nur 394 betrug. Erst 72 Stunden nach der Transfusion war *die Zahl 465 (die berechnete Menge) erreicht.*

In den 2 ersten Versuchen (Versuch I und Versuch II), in denen die Zunahme nur ca. 30 pCt. betrug, war die Blutmenge bereits nach einem Tage annähernd auf die Norm herabgesunken. Es scheint also, als ob die Ueberfüllung, wenn die Blutmenge um ca. *60 pCt.* vermehrt wird, ein wenig später, erst nach zwei bis drei Tagen verschwindet. Hierauf werden wir später zurückkommen. Ein anderer Punkt dagegen verdient einstweilen unsere volle Aufmerksamkeit. *Das eingespritzte Blut hatte 20 Stunden in Eis gestanden; dennoch erhielten sich die Blutkörperchen desselben wenigstens 3 Tage unverändert im Kreislaufe des Versuchsthiers;* weder die Defibrination noch die Aufbewahrung in Eis scheint schädlichen Einfluss in dieser Hinsicht zu haben. Späterhin am 5ten Tage fand sich eine nicht geringe Zahl von

---

[1] Die Zählungen wurden in diesem Versuche dreimal durch Färbekraftbestimmungen und Blutanalysen controlirt: 1) unmittelbar vor der Transfusion, 2) 24 Stunden nachher, 3) 22 Tage nach der Transfusion.

Blutkörperchen zerstört; am 4ten Tage war die Zahl 465, am 5ten Tag (1sten September) 419, den 3ten September 400 und den 6ten September 419, also wiederum Stillstand. Dieser Stillstand war indessen kurzdauernd. Vom 7ten September an bekam der Hund Fleisch, Brod und Wasser. Das Körpergewicht nahm jetzt zu, aber die Zahl der Blutkörperchen war am 19ten September sogar geringer als ursprünglich nämlich nur 246. *Der grosse Blut-körperchengehalt hielt sich also nur eine gewisse Zeit, nämlich ca. 4—5 Tage fast unverändert, um darnach binnen höchstens 3 Wochen nach der Transfusion, auf die ursprüngliche Zahl herabzusinken*

3. Auch in diesem Versuche wurde die Abnahme des Körpergewichtes nicht von dem eingespritzten Blute beeinflusst. Jedenfalls ist die tägliche Abnahme des Körpergewichtes während der Inanitionszeit nach der Transfusion von derjenigen vor der Transfusion nicht merklich verschieden. Dagegen ist auch hier *die Vermehrung der Harnstoffsecretion* augenfällig; vor der Transfusion 4 bis 5 Gramm Harnstoff pr. Tag; in den ersten 24 Stunden nach der Transfusion 10 Gramm, und in den folgenden 4 bis 5 Tagen $5\frac{1}{2}$ bis 6 Gramm pr. Tag. Die Harnstoffmenge war also in den ersten 6—7 Tagen nach der Transfusion deutlich vermehrt. Die Vermehrung der Harnstoffsecretion im ersten Tage nach der Transfusion könnte vielleicht durch das Ausspülen des in den Geweben fertiggebildeten Harnstoffs erklärt werden, wenn nicht das gefundene Quantum ein so *grosses* gewesen wäre. Die vermehrte Harnstoffsecretion in den folgenden Tagen dagegen kann nur durch vermehrte Decomposition stickstoffhaltiger Substantzen bedingt sein. Die Harnmenge hatte nämlich (cfr. die Tabelle) nur am ersten Tage erheblich zugenommen, und das sp. Gewicht nur an diesem Tage erheblich abgenommen. In den folgenden Tagen dagegen war das sp. Gewicht des Harns grösser als vor der Transfusion; vor der Operation war das sp. Gewicht 1.05—1.06. den Tag nachher 1,04 und in den folgenden Tagen 1,073—1.079. — Die vermehrte Harnstoffausscheidung rührt wahrscheinlich in den ersten drei Tagen vorzugsweise vom Blutplasma her: in dieser Zeit war kein Zeichen irgend einer grösseren Destruction der Blutkörperchen zu bemerken. Die *ganze* Harnstoffvermehrung kann aber auch nicht einmal für diese kurze Zeit vom Blutplasma herstammen, denn das Plus in dieser Zeit betrug wenigstens 8 Gr., d. h. mehr als sämmtliche im eingespritzten Blutplasma enthaltenen stickstoffhaltigen Substanzen ausgeben könnten.

Es liegt daher die Vermuthung nahe, dass in diesen Tagen mehrere Momente in Betracht kamen:

1) vielleicht noch z. Th. das Ausspülen des fertiggebildeten Harnstoffs;

2) die Eiweisskörper im Plasma;

3) die Comsumtion eines obwohl geringen Quantums Blutkörperchen; für letzteres sprach die Farbe des Harns; der Harn war nämlich die ersten Tage nach der Transfusion dunkel gelbbraun, enthielt vielmehr Pigment als gewöhnlich. — Nach einigen Tagen trat die Destruction der Blutkörperchen deutlich zu Tage. Bereits am 5ten Tage hatte die Zahl der Blutkörperchen abgenommen, während die Harnstoffproduction fortwährend sich höher hielt als vor der Transfusion. Also wie im ersten Versuche: anfangs vorzugsweise Decomposition des Blutplasma und später Decomposition der Blutkörperchen.

Versuch IV und Versuch V.

Diese Versuche wurden an einem um demselben Thiere ausgeführt und sind von erhöhtem Interesse, insofern sie zeigen, dass man wiederholt in erheblichem Grade die Blutmenge vermehren kann, ohne dass das Befinden des Thieres dadurch gestört wird. Das erste Mal wurde die Blutmenge um 83 pCt. das zweite Mal um 75,5 pCt., vermehrt. Die Versuchsergebnisse gehen aus folgender tabellarischen Uebersicht hervor.

Versuch IV.

Es wurde die Blutmenge um ca. 83 pCt. vermehrt.

Defibrinirtes Blut eingespritzt;

1874. Datum.	Körpergewicht in Kilo.	Gewichtsverlust in Kilo.	Gewichtsverlust auf 1 Kilo Körpergewicht in Gr.	Harn in Ccm.	Sp. Gewicht.	Harnstoff in Gr.	Harnstoff auf 1 Kilo Körpergewicht in Gr.	Harnstoff auf 1 Kilo Gewichtsverlust in Gr.	Die Zahl der Blutkörperchen in 1 Cubikmillimeter.
27. Juli	4,830								4,637600
28. Juli	4,560	0,270	59,21	370	1,04	7,208			4,719000
	4,850								6,732000
29. Juli	4,330	0,230	53,12						7,782500
30. Juli	4,140	0,190	45,89	91	1,08	7,535	1,82	39,66	8,399600
31. Juli	3,980	0,160	40,2	61	1,08	5,009	1,26	31,31	8,288500
1. August	3,820	0,160	41,88	46	1,08	3,904	1,02	24,4	8,657000

Am zweiten August war das Körpergewicht 3,850 Kilo.; der Hund Fleisch, Brod .und Wasser; am vierten August wog der Hund 3,960 am 15ten August wog der Hund 4,020 Kilo, am 22sten August 4,180 Kilo, wiederum Inanition cfr. Versuch V.

Hund No. 4.
die Blutmenge wurde um ca. 83 pCt. vermehrt.

Die Zahl der gezählten Blutkörperchen in Mittel.	Die einzelnen Zählungen		Temp. im Rectum.	Excremente in Gr.	Nahrung in Gr.	Versuch.	Anmerkungen.
	I.	II.					
210,8	220 225	210 202 197					
214,5	211 218		39,4° C.	0	In an i t i o n	Transfusion.	Die Dauer der Transfusion 21 Minuten.
306	305 307		38,8° C.	Spuren?			Diese Zählung geschah 15—20 Minuten nach der Transfusion.
353,75	348 311	367 350		0			
381,8	385 402	349 385 398		0			
376,75	384 406	352 365		0			
393,5	382 405				100 Ccm. Milch, 30 Ccm. Wasser.		

bekam 135 Ccm. Milch und 166 Ccm. Wasser; vom 3ten August an
Kilo, die Zahl der Blutkörperchen an diesem Tage 351 (7,722000);
die Zahl der Blntkörperchén *326,8* (7,189000). Vom 23sten August an

Körpergewicht vor der Transfusion 4560 Grm., nach der Transfusion 4850 Grm., Differenz 290 Grm., d. h. eine Vermehrung der ursprünglichen Blutmenge, die bei einem Körpergewicht von 4560 Grm. auf 351 Grm. zu schätzen ist, um *83 pCt.*

1. Nach der Operation war das Thier munter und lebhaft, sprang umher, als ob keine Operation unternommen wäre.

2. Die Zahl der Blutkörperchen unmittelbar vor der Transfusion 214—215, die Zahl im eingespritzten Blute wenigstens 200, die Blutmenge um 83 pCt. vermehrt. Man könnte daher, sobald die Blutmenge auf die Norm herabgesunken, eine Vermehrung der Zahl der Blutkörperchen von 214,5 auf 380 (ca. 80 pCt.) erwarten. Kurze Zeit nach der Transfusion war die Zahl der Blutkörperchen 306 also eine Zunahme um 42,7 pCt.; es scheint also, als ob in ganz kurzer Zeit nach der Transfusion ungefähr die Hälfte von dem durch die Einspritzung bewirkten Ueberschuss ausgetreten wäre.

Von nun an geschah die Exsudation ganz allmählig. 24 Stunden nachher war die Zahl der Blutkörperchen 354, also im Ganzen eine Zunahme um 65 pCt., aber erst 48 Stunden nach der Transfusion war die Blutmenge zur Norm zurückgekehrt, indem die Zahl der Blutkörperchen 382 betrug d. h. um 78 pCt. vermehrt war. — Die eingespritzten Blutkörperchen lebten auch in den folgenden Tagen beim Versuchsthiere; 4 Tage nach der Transfusion überstieg ihre Zahl die Berechnung, indem sie 394 betrug. Von nun (1stem August) an wurde der Hund gefüttert; 4 Wochen nachher (27sten August) hatte die Zahl der Blutkörperchen erheblich abgenommen (305), war doch aber 40 pCt. höher als im Anfange.

Wenn man diesen Versuch mit den vorhergehenden insbesondere mit Versuch II zusammenhält, muss es jetzt als eine gut constatirte Thatsache angesehen werden, dass man durch die Einspritzung vom defibrinirten Blute derselben Species nicht nur momentan, sondern auch für längere Zeit — in diesem Falle wenigstens für ein Monat — *die Zahl der Blutkörperchen vermehren kann.*

3. Die Harnstoffmenge nahm *erheblich* zu. In der Hungerzeit vom 24sten bis 28sten August (cfr. Versuch V) war die tägliche Harnstoffproduction 2 bis 3 Grm., dagegen betrug die tägliche Harnstoffmenge in den ersten 3

bis 4 Tagen nach der Transfusion resp. 7, 7,5, 5 und 3,9 Grm. In dieser Zeit war, wie wir eben gesehen haben, keine Andeutung der Destruction der Blutkörperchen zu bemerken; die Harnstoffzunahme rührt daher wahrscheinlich im Wesentlichen nicht von den Blutkörperchen, sondern vom Blutplasma her [1]).

Ein grösseres Interesse erhält dieser Versuch durch seine Fortsetzung nämlich Versuch V.

Versuch V.

Es wurde die Blutmenge *um 75,5 pCt.* vermehrt.

---

[1]) Dass auch in diesem Versuche das Ausspülen nur von untergeordnetem Belang gewesen ist, geht am Besten daraus hervor, dass das sp. Gewicht des Harns schon 2 Tage nach der Transfusion (und späterhin) 1,08 betrug.

3

1874. Datum.	Körpergewicht in Kilo.	Gewichtsverlust in Kilo.	Gewichtsverlust auf 1 Kilo Körpergewicht in Gr.	Harn in Ccm.	Sp. Gewicht.	Harnstoff in Gr.	Harnstoff auf 1 Kilo Körpergewicht in Gr.	Harnstoff auf 1 Kilo Gewichtsverlust in Gr.	Die Zahl der Blutkörperchen in 1 Cubikmillimeter.
22. August	4,180								
23. August				64		5,086			
24. August				40	1,08	2,2			
25. August				40	1,08	3,48			
26. August	3,635			36	1,085	3,36			6,639600
27. August	3,530	0,105	29,745	28	1,09	2,76	0,782	26,286	6,710000
28. August	3,440	0,090	26,163	19	1,09	1,98	0,561	21,444	6,875000
	3,640								8,283000
									8,712000
									7,392000
29. August	3,405	0,035	10,279	68	1,070	4,53	1,33	129,43	8,487600
30. August	3,367	0,038	11,286	46	1,070	4,1	1,218	107,897	8,767000
31. August	3,245	0,122	37,596	48	1,080	4,32	1,33	35,41	8,126800
1. Septbr.	3,160	0,085	26,899	30	1,085	2,57	0,81	30,235	7,705500
2. Septbr.	3,190								6,864000

Der Hund bekam jetzt tägliche Nahrung; am 6ten September war
am 11ten September war das Körpergewicht 3,805 Kilo; vom 12ten Sep-
206.8 (4,549600), am 15ten September war das Körpergewicht 3,39 Kilo,

Hund No. 4.
die Blutmenge um 75,5 pCt. vermehrt.

Die Zahl der gezählten Blutkörperchen im Mittel.	Die einzelnen Zählungen		Temp. im Rectum.	Excremente in Gr.	Nahrung in Gr.	Versuch.	Anmerkungen.
	I.	*II.*					
301,8	298 301 299	306 305					
305	300 310						
312,5	316 309		38° C.				
376,5	374 379		37,8° C.				Diese Zählung geschah 1 Stunde nach der Transfusion
396	390 387 411						Diese Zählung geschah 3 Stunden nach der Transfusion.
336	330 342						Diese Zählung geschah 7 Stunden nach der Transfusion.
385,8	396 400	370 368 395					
398,5	378 379	412 425					
369,4	359 364 416	342 366					
350,25	341 348	353 359			40 Gr. Fleisch, 150 Ccm. Milch.		
312	320 304				100 Gr. Fleisch, 50 Ccm. Wasser.		

(Spanning vertically in the Nahrung/Versuch columns: "Inanition." and "Transfusion.")

das Körpergewicht 3,45 Kilo, die Zahl der Blutkörperchen 339,5 (7,469000);
tember an Inanition; am 13ten September war die Zahl der Blutkörperchen
die Zahl der Blutkörperchen 219,5 (4,829000).

3 *

Das in diesem Versuche angewandte Blut war 20 Stunden hindurch in Eis aufbewahrt. Körpergewicht vor der Transfusion 3440 Grm., nach der Transfusion 3640 Grm., Differenz 200 Grm., d. h. eine Zunahme der normalen Blutmenge, die bei einem Körpergewicht von 3440 Grm. auf 265 Grm. zu schätzen ist, um 75,5 pCt. Die Temperatur im Rectum vor der Operation 38° C. und unmittelbar nach der Transfusion 37,8° C.

Ein Symptom war bei diesem Versuche [1]) sehr augenfällig nämlich *starke Injection der Conjunctivæ scleroticæ.* Unmittelbar und noch einige Stunden nach der Transfusion waren Conjunctivæ scleræ sehr stark injicirt gerade wie bei einer Conjunctivitis; ein deutliches Kennzeichen der durch die Transfusion bewirkten starken Ueberfüllung.

1. Das Befinden des Thieres wurde durch die Transfusion nicht gestört. Der Hund lebhaft und munter wie zuvor.

2. Die Zahl der Blutkörperchen vor der Transfusion 305 bis 313, die Zahl im eingespritzten Blute ca. 300. Da die Blutmenge um 75,5 pCt. vermehrt war, sollte man eine Steigerung der Zahl der Blutkörperchen auf 539 (eine Zunahme um wenigstens 70 pCt.), sobald die Blutmenge auf die Norm herabsank, erwartet haben; 3 Stunden nach der Transfusion war die Zahl der Blutkörperchen 396, also eine Zunahme um ca. 27 pCt. *Aber mit dieser Zahl* hat die Steigerung in diesem Falle ihr Maximum erreicht; in den folgenden Tagen ist die Zahl der Blutkörperchen ungefähr dieselbe, ja sogar geringer, so dass augenscheinlich eine grosse Destruction der Blutkörperchen stattgefunden hat; hierfür sprach auch die Farbe des Harns. Der Harn war nämlich dunkel gelbbraun gefärbt, gab übrigens keine Gallenreaction und enthielt weder Blut noch Eiweiss. Man könnte diese rapide Destruction auf die Rechnung der 20 stündigen Aufbewahrung des defibrinirten Blutes schieben. Dass aber die Aufbewahrung in Eis nicht ohne Weiteres als der eigentliche Grund der schnellen Auflösung betrachtet werden kann, geht aus dem Versuch III hervor, bei welchem die Zahl der Blutkörperchen, trotzdem dass ganz dasselbe Blut zur Transfusion angewandt wurde, in den 4 ersten Tagen proportional mit der Berechnung zunahm.

---

[1]) Ich habe dieselbe Erscheinung auch in mehreren anderen Versuchen beobachtet. Cfr. auch Dr. L. Lesser, in den Berichten der Sächsischen Gesellschaft der Wissenschaften, math. phys. Classe, August 1874. S. 174.

Für die Beurtheilung des jetzigen Versuchs liefern die Fluc tuationen der Zahl der Blutkörperchen im Laufe der Zeit vor der Transfusion einen nicht unwichtigen Beitrag. Durch die erste Transfusion (cfr. Versuch IV) war die Zahl der Blutkörperchen von 215 binnen kurzer Zeit (4 Tage) auf 394 gestiegen. Späterhin nahm die Zahl ab, so dass, wie erwähnt, die Zahl der Blutkörperchen vor der zweiten Transfusion (Versuch V) nur 305 bis 313 betrug. Was sollte wohl nun die Annahme hindern, dass auch nach dieser Transfusion die Destruction der Blutkörperchen des Versuchsthieres allmählig und continuirlich fortgeschritten sei? Anderseits ist es aber auch ausser Zweifel, dass gleichzeitig eine ungewöhnlich grosse Consumtion der bei dieser letzten Transfusion eingespritzten Blutkörperchen stattfand. Fünf Tage nach dieser Transfusion war die Zahl der Blutkörperchen ganz wie zuvor nämlich 312, und späterhin, als der Hund in 2 Wochen Nahrung bekommen hatte, war die Zahl 220, also ungefähr dieselbe wie vor der ersten Transfusion (Versuch IV).

3. In diesem Versuch schien es, als ob die Abnahme des Körpergewichtes in den ersten 2—3 Tagen nach der Transfusion vermindert wurde. In den ersten zwei Tagen war der tägliche Gewichtsverlust nur 35—38 Grm. oder auf ein Kilo Körpergewicht bezogen 10—11 Grm, (im Versuch IV (mit demselben Thiere) war derselbe ca. 200 Grm. oder auf 1 Kilo. Körpergewicht bezogen 46—50 Grm). In den folgenden Tagen dagegen war der tägliche Gewichtsverlust ungefähr derselbe wie in der Hungerzeit vor der letzten Transfusion, nämlich ca. 30 Grm. auf 1 Kilo Körpergewicht. — Die Aenderungen der Harnstoffmenge sind ungefähr den früheren Versuchen entsprechend. Da in diesem Falle eine grössere Zahl von Blutkörperchen binnen kurzer Zeit destruirt wurde, so ist anzunehmen, dass die Harnstoffzunahme jedenfalls z. Th. von einer vermehrten Zersetzung der in den Blutkörperchen enthaltenen Eiweissstoffe herrühre.

Da sämmtliche Hunde lange Zeit nach der Transfusion observirt wurden (einer sogar ¾ Jahr hindurch), ist es wohl als eine genügend festgestellte Thatsache anzusehen, dass eine Vermehrung der Blutmenge um 30, 50—83 pCt. ohne bemerkbare Zeichen gestörter Gesundheit ertragen werden kann. In voller Uebereinstimmung hiermit ist folgender Versuch (von *Lesser* [1]), in welchem die Blutmenge um 81 pCt. (75 pCt.) vermehrt wurde.

I. «Hund, Gewicht 4,82 Kilo.» Es wurden 300 Ccm. Blut (also 81 pCt. von der ursprünglichen Blutmenge) eingespritzt. «Nach vollendeter Transfusion zeigte sich das Thier munter, am andern Tage entwickelte es einen ungeschwächten Appetit. Die Wunden heilten rasch, so dass es sieben Tage nach der Einführung des Blutes um mehrere 100 Gramm an Gewicht zugenommen und als ein vollkommen gesundes anzusehen war. Unter diesen Umständen erschien es nicht gewagt, von Neuem 300 Ccm. Blut einzuführen. *II.* Dasselbe Thier 7 Tage später, Gewicht 5,18 Kilo»; es wurden 300 Ccm. eingespritzt, also die Blutmenge um 75 pCt. vermehrt. «Auch nach dieser zweiten Einspritzung zeigte der Hund keine wesentliche Störung seines Befindens. Er verschmähte jedoch 48 Stunden hindurch jegliches Futter. 24 Stunden nach der Transfusion stand die Temperatur im Rectum auf 40,8° C. Da sich keine weiteren krankhaften Erscheinungen wahrnehmen liessen, so wurde das Thier nicht weiter beobachtet.»

Anm. Versuche mit Kaninchen führten zu demselben Resultat. Von solchen wurden übrigens nur zwei ausgeführt. Es ist mit Schwierigkeiten verbunden von den Schleimhäuten oder der Haut, Blut für die Zählungen zu erhalten; die kurze Lippe ist blutarm und der Füllungsgrad der Ohrengefässe des Kaninchens so verschieden, dass man nicht immer das nöthige Blutquantum (1—2 Tropfen) bekommen kann.

Versuch I. Körpergewicht des Kaninchens 1,45 Kilo. Die Blutmenge um 23,6 pCt. vermehrt.

In Vena jugularis sinistra wurden 18—19 Ccm. defibrinirtes Kaninchenblut eingespritzt; die Zahl der Blutkörperchen des eingespritzten Blutes 328 (7,216000).

Die Blutmenge wurde also um 1,3 pCt. des Körpergewichtes vermehrt, d. h. eine Vermehrung der normalen Blutmenge, die bei dem Kaninchen auf 5,5 pCt. des Körpergewichtes zu schätzen ist, um 23,6 pCt. Das Befinden des Thieres war nach der Einspritzung, welche langsam im Laufe von 2—2½ Minuten geschah, sehr gut; es sprang herum und celebrirte einige Minuten nachher Coïtus.

---

[1] *Lesser.* L. c. S. 174—175.

Da die Zahl der Blutkörperchen (von der Lippe) vor der Transfusion 309 [1]) und die Zahl im eingespritzten Blute 328 betrug, sollte man, sobald die Blutmenge auf die Norm herabsank, eine Steigerung bis zu 387, also eine Vermehrung um 25 pCt. erwarten. Acht Stunden nach der Operation wurden die Blutkörperchen im Blute des Ohres gezählt; ich bekam die Durchschnittszahl 361 [2]), d. h. eine Vermehrung um 16,8 pCt. Da die Hauptsache (die grosse Vermehrung der Zahl der Blutkörperchen) auch hier bewiesen war, wurden die Zählungen nicht weiter fortgesetzt. Das Kaninchen wurde mehrere Tage hindurch beobachtet und befand sich in dieser Zeit vollkommen wohl.

Versuch II. Körpergewicht des Kaninchens 1,355 Kilo; die Blutmenge um 28 pCt. vermehrt. Das Befinden des Kaninchens nach der Transfusion ungestört. In Vena jugularis sinistra wurden 21 Ccm. defibrinirtes Kaninchenblut injicirt; die Zahl der Blutkörperchen des eingespritzten Blutes 285. Da die Blutmenge um 28,2 pCt. vermehrt worden und im Blute des Versuchsthiers vor der Transfusion 275 [3]) Blutkörperchen gezählt wurden, sollte man, sobald die Blutmenge zur Norm zurückkehrte, eine Steigerung auf 355 (eine Vermehrung um 30 pCt.) erwarten. Am folgenden Morgen war die Zahl der Blutkörperchen 322 [4]), also um. ca. 17 pCt. vermehrt. Am zweiten Tage war die Zahl der Blutkörperchen nur 295 [5]), hatte also wiederum abgenommen. Aus diesen Zahlen lassen sich aber nicht ganz exacte Schlüsse ziehen, weil das Blut aus der Ohrenwunde bisweilen ausgepresst werden musste, es ist möglich, dass hierdurch dem Blute Lymphe beigemischt worden. — Jedenfalls ist aber die Hauptsache, nämlich der geringfügige Einfluss der vermehrten Blutmenge auf das Befinden und die Vermehrung der Blutkörperchen constatirt worden.

Blutkörperchen in 1 Cubikmillimeter.	Die Durchschnittszahl der gezählten Blutkörperchen.	Die einzelnen Zählungen.	
[1]) 6,803500	309,25	307 310	305 315
[2]) 7,942000	361	354 368	
[3]) 6,050000	275	281 269	254 294 277
[4]) 7,086200	322,1	294 330 322 328	328 344 309
[5]) 6,490000	295	306 278 307	320 284 281 287

§ 5.

b) Versuche, in denen die Blutmenge mehr als verdoppelt wurde.

Die Versuche, in denen die Blutmenge mehr als verdoppelt wurde, hatten einen tödtlichen Ausgang. Zuerst werden wir den interessantesten Versuch beschreiben; es wurde dieser mit dem Hunde des zweiten Versuchs (cfr. S. 21—26) ausgeführt.

Versuch VI.

Die Blutmenge wurde *um 160 pCt. vermehrt.*
(Die Fortsetzung des Versuchs II).

Die Transfusion wurde am 9ten Tage nach dem vorigen Versuche (cfr. Versuch II) mit diesem Hunde ausgeführt.

Es ist dieses Experiment besonders deshalb von grossem Interesse, weil man hier die colossale Ueberfüllung des Gefässsystems unmittelbar nach der Transfusion recht schlagend documentiren kann.

Versuch VI. Hund No. 2.

Defibrinirtes Blut eingespritzt; die Blutmenge um 160 pCt. vermehrt.

Datum.	Körpergewicht in Kilo.	Harn in Ccm.	Harnstoff in Gr.	Blut-Körperchen in 1 Cubik-millimeter.	Die Durchschnittszahl der Blut-Körperchen.	Die einzelnen Zählungen. I.	Die einzelnen Zählungen. II.	Temp. im Rectum.	Anmerkungen.
11. Juli	5,955	132	12,1	10,450000	475	472 478		38,5° C.	Daner der Transfusion 58 Minuten.
12. Juli	6,690			8,778000	399	386 406 403		38,2° C.	Diese Zählung geschah fast unmittelbar nach der Transfusion.
13. Juli	6,510 gestorben.	150	3,69	10,810800	491,4	469 525 493	494 476	37,5° C.	

Transfusion.

1. Krankhafte Symptome sowohl während als nach der Transfusion. Während der Einspritzung, insbesondere am Schlusse derselben, war das Thier sehr unruhig, die Mundhöhle voll von blutigem Schleime. Unmittelbar nach der Transfusion starker Nisus mingendi und Entleerung von einigen (2—3) Ccm. blutigen Harns. Am folgenden Tage (Nachmittags) waren die Hinterfüsse steif, die Lippen kalt; am Morgen des dritten Tages fand ich den Hund todt.

2. Körpergewicht vor der Transfusion 5955 Gramm, nach der Transfusion 6690 Gramm, die Differenz 735 Gr., d. h. eine Vermehrung der Blutmenge, (die bei einen Körpergewicht von 5955 Gramm auf 459 Gramm zu schätzen ist), um 160 pCt. Die Zahl der Blutkörperchen vor dieser Transfusion war 475: im eingespritzten Blute dagegen war die Zahl nur 264. Nach der Wahrscheinlichkeitsberechnung und auf Basis der Annahme, dass während der Trans-

fusion keine Exsudation geschehen, sollte die Zahl unmittelbar nach der Transfusion von 475 auf 345 (um 25—30 pCt.) herabsinken. Eine so grosse Abnahme konnte aber nach unseren früheren Erfahrungen über die Exsudation in dieser Zeit nicht eintreten; man würde eher auf Grund meiner früheren Erfahrungen eine Zunahme der Zahl selbst unmittelbar nach der Transfusion erwartet haben. Dies war aber nicht der Fall; die Zahl der Blutkörperchen war unmittelbar nach der Transfusion erheblich gesunken (von 475 auf 399); nach der Berechnung könnte man vielleicht hieraus schliessen, dass während und in der ersten Viertelstunde nach der Transfusion höchstens 25 pCt. von dem eingespritzten Blutplasma aus den Gefässen herausgetreten [1]). Am folgenden Tage war die Zahl der Blutkörperchen 491, also wiederum gestiegen; eine bei weitem grössere Steigerung war zu erwarten, sobald die Blutmenge auf die Norm herabsank. Allerdings war die Zahl der Blutkörperchen des eingespritzten Blutes ca. 44 pCt. geringer als diejenige des Versuchsthieres; die Blutmenge war aber um 160 pCt. vermehrt worden; es liess sich deshalb eine Steigerung von 475 auf 898, sobald die Blutmenge auf die Norm herabsank, erwarten. Eine solche Zunahme geschah aber nicht; 491 war das Maximum. Es lag kein Beweis vor, dass eine ungemein grosse Destruction der Blutkörperchen stattgefunden, die geringen Mengen von Blut und Eiweiss, welche mit dem Harne entleert wurden, konnten nicht ohne weiteres eine derartige Annahme gestatten.

3. Während in den bisherigen Versuchen das Körpergewicht am folgenden Tage die unmittelbar vor der Transfusion gefundene Gewichtszahl nicht überstieg, verhielt sich diesmal die Sache ganz anders. Vor der Transfusion war das Körpergewicht 5955 Grm., unmittelbar nach derselben 6690 Grm., und am folgenden Tage 6510 Grm.; das Thier konnte also nicht so schnell des überflüssigen Blutes sich entledigen. Vielleicht war das Gefässsystem so ausgedehnt, dass es nicht in normaler Weise functioniren konnte; hierfür sprach der elende Zustand des Thieres und die perverse Harnsecretion. Nach der Transfusion bis zum Tode des Thieres wurden 152 Ccm. blutigen Harnes entleert. Der Harn wurde zum Kochen

---

[1]) Das Gefässsystem war also sehr ausgedehnt, als Zeichen der grossen Ueberfüllung desselben waren vielleicht der blutige Schaum in der Mundhöhle, der Nisus mingendi und der blutige Harn anzusehen.

erwärmt, mit verdünnter Essigsaure vorsichtig angesäuert, filtrirt; der Niederschlag wurde mit Wasser, Alkohol und Aether ausgekocht, bei 105°C. vollkommen getrocknet und gewogen; das Gewicht des getrockneten Niederschlags war 3,57 Gramm. Der Harnstoff (im Filtrate) betrug nur 3,69 Gramm; diese Menge ist sehr gering, wenn man bedenkt, dass in den letzten Hungertagen vor der Transfusion 12 Gramm pr. Tag abgesondert wurden.

Die Section geschah an demselben Morgen, als der Hund todt gefunden wurde.

· *Cav. pectoris.* Kein Exsudat in cav. pleuræ; die Lungen injicirt, lufthaltig, ohne Oedem oder Extravasat; kein Exsudat in cav. pericardii; das Herz fest contrahirt; die Venen etwas turgescirend; *unter Pericardium am apex cordis und im atrium dextrum vereinzelte Ecchymosen.* Die Herzhöhlen so gut wie blutleer, keine Coageln; im linken Herzen *flüssiges, theerartiges Blut ohne Spuren von Gerinnung.*

Cav. abdominis. In cav. peritonei kein Exsudat; Omentum sehr injicirt; *die Venæ mesentericæ vom Blute stark ausgedehnt; überhaupt erhebliche venöse Injection im Unterleib (vena porta, vena cava inferior und venæ renales sehr stark überfüllt;* die Venen des Magens und der Gedärme etwas aber nicht sehr stark gefüllt). Im Magen 20 Ccm. schmutziges, grünlichbraunes, zähes Fluidum, das übrigens keine Gallenreaction zeigte; im oberen und mittleren · Theil des Dünndarms eine ziemlich beträchtliche Menge eines dünnen, gelbbraungefärbten, nicht bluttingirten Fluidums; im untersten Theil des Dünndarms fast kein Contentum; im Dickdarm ein dünnes, schmutzig gefärbtes übelriechendes Fluidum in spärlicher Menge. Leber und Milz normal. *Die Venen der Nierencapsel stark injicirt; die Nieren deutlich vergrössert, sehr erhebliche Ueberfüllung sowohl in der Corticalsubstanz als in den Pyramiden (insbesondere in ihrer Basis).* Die Mesenterialdrüsen ohne augenfällige Injection.

Die Extremitäten weder injicirt noch serös infiltrirt.

Grosse Abmagerung; kein Panniculus adiposus; die Muskeln roth aber ohne augenfällige Injection.

Es war also eine nicht geringe *venöse Ueberfüllung* im Unterleib zu bemerken; die Leber nicht überfüllt wie in den früheren Versuchen [1]), in denen die Section unmittelbar nach der Transfusion geschah; dagegen war die Ueberfüllung der Nieren eine erhebliche. Trotz der venösen Ueber-

---

[1]) cfr. meine vorige Abhandlung (l. c.).

füllung war das rechte Herz weder ausgedehnt noch mit Blut gefüllt. dem Tode zu beobachten war.

Versuch

Es wurde die Blutmenge

Dieser Versuch wurde an einem jungen Hunde ausgeführt, der einige Hund sich andauernd erholt hatte, wurde der Versuch, nachdem der

Versuch VII.

Defibrinirtes Blut eingespritzt;

1874. Datum.	Körpergewicht in Kilo.	Gewichtsverlust in Kilo.	Gewichtsverlust auf 1 Kilo Körpergewicht in Gr.	Harn in Ccm.	Harnstoff in Gr.	Harnstoff auf 1 Kilo Körpergewicht in Gr.	Harnstoff auf 1 Kilo Gewichtsverlust in Gr.	Blutkörperchen in 1 Cubikmillimeter
7. Juli	3,655							4,840000
8. Juli	3,530	0,125	35,41	18	2,52	0,714	20,16	5,335000
9. Juli	3,440 (?)	0,090 (?)	26,163 (?)	15	1,37	0,398	15,22	5,351500
10. Juli	3,355	0,085	25,34	14	1,252	0,373	14,73	5,478000
11. Juli	3,280	0,075	22,87	19	1,776	0,541	23,68	5,357000
	3,670							
12. Juli	3,400			blutig 93 Spuren von Blut und Eiweiss	1,69	0,497		7,876000
13. Juli	3,205	0,195	60,84	66	1,36	0,424	6,97	6,325000
14. Juli	3,015	0,190	63,02	ohne Eiweiss. 50	1,72	0,570	9,05	6,881600
15. Juli	2,920	0,095	32,53					6,996000
16. Juli	2,800	0,120	42,86					7,381000
17. Juli	Der Hund wurde 8 Uhr Morgens, todt gefunden.							

Ferner ist hervorzuheben, dass nirgendwo Coagulation des Blutes nach

VII.

um 154 pCt. vermehrt.

Zeit zuvor an Erkältung (Schnupfen und Husten) gelitten hatte. Da der Hund in 5 Tagen gehungert, ausgeführt.

Hund No. 5.

die Blutmenge um 154 pCt. vermehrt.

Die Zahl der gezählten Blutkörperchen im Mittel.	Die einzelnen Zählungen.		Temp. im Rectum.	Excremente in Gr.	Nahrung in Gr.	Versuch.	Anmerkungen.
	I.	II.					
220	215 221 229	209 219 227					
212,5	213 219	238 210					
243,25	258 257	252 226		14		Inanktion.	
249	257 250	258 231					
243,5	234 253		38,5° C. 38° C.	19			Die Dauer der Transfusion 69 Minuten.
358	354 349	358 371				Transfusion.	
287,5	291 288	286 285					Die Zählungen fielen diesmal sehr gering aus, vielleicht weil die Lippe auf der Seite, wo der Einstich gemacht wurde, entzündet war.
312,8	307 305	310 323 319			Der Hund bekam Milch und Fleisch.		
318	321 318 313				Hat keine Esslust, trinkt nur ein wenig Milch.		
335,5	335 336				Will weder essen noch trinken.		

Körpergewicht vor der Transfusion 3280, nach derselben 3670 Gr., Differenz 390 Gr., d. h. eine Vermehrung der normalen Blutmenge, die bei einem Körpergewicht von 3280 Gr. auf 253 Gr. zu schätzen ist, um *154 pCt.*

1. Nach der Transfusion wurde die Mattigkeit grösser und der Husten heftiger; am 3ten Tage war der Hund so kraftlos, dass die Inanition nicht fortgesetzt werden konnte, der Hund bekam Nahrung, aber er hatte keine Esslust und starb ein Paar Tage nachher.

2. Die Zahl der Blutkörperchen im eingespritzten Blute 264, die Zahl des Versuchsthieres unmittelbar vor der Transfusion 243,5. Da die Blutmenge um 154 pCt. vermehrt war, liess sich eine Steigerung auf 650 (eine Vermehrung um 167 pCt.), sobald die Blutmenge auf die Norm herabsank, erwarten; am folgenden Tage war die Zahl 358 (eine verhältnissmässig geringe Zunahme nämlich um nur 47 pCt. [1]). Am vierten Tage und späterhin (cfr. die Tabelle) bekam ich die Zahlen 313,318,335. Es kann diese geringfügige Zunahme kaum durch grosses Austreten oder Destruction von Blutkörperchen erklärt werden; denn von derartigen Erscheinungen konnte fast Nichts bemerkt werden; der Harn war allerdings in den ersten Tagen blutig gefärbt, aber die Gesammtmenge des Eiweisses in demselben war eine sehr geringe (0.39 Gramm).

3. Auch in diesem Versuche war das Gewicht des Thieres am folgenden Tage merklich grösser als vor der Transfusion. Der Harn blutig und die Harnstoffmenge nicht vermehrt. Am dritten Tage aber war der Harn wiederum frei von Blut und Eiweiss. Das Thier hätte muthmaaslich die Folgen dieses Eingriffs überstanden, wenn es nicht an der catarrhalischen Pneumonie, die durch die Transfusion verschlimmert wurde, gelitten hätte.

Die Section ergab Pneumonie und starke Dilatation des rechten Herzens. Cav. pectoris. Das Zellengewebe im Mediastinum anticum etwas serös infiltrirt. In Cav. pleuræ et pericardii kein Exsudat. *Das rechte Herz sehr stark* dilatirt und von weisslicher Farbe. Die Venen und die Lymphgefässe an der Oberfläche des Herzen stark *erweitert und injicirt;* das *rechte Herz* sehr stark vom schwarzen, geronnenen Blute ausgedehnt. Der grösste Zipfel der Valvula

---

[1] 18 Stunden nach der Transfusion war die Zahl viel geringer nämlich 287,5, aber die Lippe war an diesem Tage auf der Seite, wo das Blut genommen wurde, ein wenig geschwollen.

tricuspidalis verdickt, mit frischem, gelatinösem, gelbem Exsudate belegt; in trabecul. carn. hie und dort weissliche Verdickungen; im *linken* Herzen spärliche Blutgerinnsel. Mitralis etwas serös infiltrirt; Aorta normal. *Rechte Lungenspitze* von speckigen, purulenten Partien durchsetzt; starke Blutüberfüllung an der Basis, aus den kleinen Bronchien lässt sich puriformes Secret auspressen; die Lunge ist aber überall — jene speckigen Infiltrationen ausgenommen — lufthaltig. Der vordere, obere Theil *der linken Lunge* vollständig infiltrirt, luftleer (rothe Hepatisation); an der Basis eine circumscripte, hepatisirte Partie von der Grösse eines Thalers; aus dieser lässt sich ebenfalls puriformes Secret auspressen.

Cav. abdominis. In *Cav. peritonei* kein Exsudat. Omentum, die Gedärme bleich; die Schleimhaut des Magens normal. In Duodenum ein grosses Quantum Galle. *Die Leber* etwas hypertrophisch, indem sie auch regio hypochondriaca sinistra einnimmt, *deutlich aber nicht sehr stark congestionirt,* Pancreas, Milz und die Nieren normal.

Fast kein Panniculus adiposus. Die Extremitäten und die Muskeln weder injicirt noch infiltrirt.

Die Erweiterung des rechten Herzens, die Ueberfüllung der Leber lassen sich schon durch die Pneumonie erklären und sind umsomehr verständlich, als auch Endocarditis vorhanden war. Die reichliche Gallenansammlung im Dünndarm (ebenso wie im vorigen Versuche) ist vielleicht bemerkenswerth, darf aber nicht ohne weiteres als die Folge sehr starker Decomposition überflüssigen Blutes in der Leber angesehen werden.

Hiemit in Uebereinstimmung ist der *Lesser*'sche [1]) Versuch, in welchem die Blutmenge um 191 pCt. vermehrt wurde; auch dies Experiment endigte mit dem Tode. Das Körpergewicht 4,42 Kilo; es wurden 650 Grm. eingespritzt, mit anderen Worten die Blutmenge, welche bei einem Körpergewicht von 4,42 Kilo auf 340 Grm. zu schätzen ist, wurde um 191 pCt. vermehrt. «Nach der Einspritzung von 650 Ccm. Blut erwiesen sich die Gefässe in der Bindehaut des Auges stark gefüllt. Alle anderen Theile der Körperoberfläche zeigten dagegen keine ungewöhnliche Röthung. Nachdem die Wunden verbunden und das Thier auf den Boden gestellt war, entleerte dasselbe breiige Fäces. Futter wies es ab. Am anderen Tage erfolgte Erbrechen von Schleim. Die Temperatur im Rectum ward zu 39,4° C. gefunden. Am dritten Tage wiederholte sich das Er-

---

[1]) *Lesser,* l. c. S. 173—174.

brechen; es fand eine Entleerung festen Kothes statt und noch immer wurde die Aufnahme von Futter verweigert. Im Verlaufe des vierten Tages nach der Transfusion trat der Tod ein. Durch die Section konnten nirgends seröse Ergüsse nachgewiesen werden, wohl aber war die linke Lunge stark blutig und sehr luftleer; in einem ähnlichen Zustande befand sich auch die rechte Lunge, doch überwiegen hier noch die lufthaltigen Partien. Unter dem Pericardial-Ueberzug lagen zahlreiche kleine Blutanhäufungen und ebenso auf der inneren Fläche und innerhalb der Muskulatur des linken Ventrikels».

Wir glauben aus diesen Versuchen schliessen zu können, dass eine Vermehrung der Blutmenge um 154 pCt. oder mehr tiefe Störungen (abnorme Secretionen, blutigen Harn, Erbrechen u. s. w.) hervorbringt.

Wir haben gesehen, dass die langsame Einspritzung einer Blutmenge, welche 30—83 pCt. von der Norm beträgt, ohne bemerkbare Krankheit ertragen wird, dass aber eine Vermehrung um 154 pCt. oder mehr tiefe Störungen veranlasst. Es bliebe nur noch übrig den Einfluss von Blutmengen, die zwischen 83 pCt. und 154 pCt. liegen, zu untersuchen, um vielleicht eine Grenze zu finden. Aber ganz davon abgesehen, dass eine scharfe Grenze sicherlich nicht existirt, weil individuelle Verschiedenheiten Einfluss ausüben, würde eine specielle Untersuchung in dieser Hinsicht nichts wesentlich Neues bieten können.

§ 6.

B. Die Vermehrung der Blutmenge mit Hülfe directer Transfusion.

Die *directen* Transfusionsversuche, von *Panum* und *Lesser* angestellt, führten zu demselben Resultate.

Panum hat zwei (drei) Versuche ausgeführt. (*Panum* in Virchows Archiv. Bd. 29. Jahr. 1864. S. 258—264).

Ich werde hier diese Versuche näher erörtern. Das Blut wurde aus der Carotis eines Hundes in die Jugularvene des Versuchsthieres hineingeleitet; die überführte Menge wurde durch Wägung und Rückwägung beider Hunde bestimmt und controlirt.

Panums Versuch I.

Die Blutmenge wurde *um 83,8 pCt.* vermehrt.

Versuch den 7ten December 1854; directe Transfusion, die Blutmenge um 83,8 pCt. vermehrt.

Datum. 1854.	Körpergewicht in Kilo.	Gewichts-verlust in Kilo.	Gewichts-verlust auf 1 Kilo Körper-gewicht in Gr.	Fibrin pro Mille.	Serums Residuum pro Mille.	Die trocknen Blutkörperchen (nach Becquerel-Rodier bestimmt) pro Mille.	Die trocknen Blutkörperchen (nach Scherer bestimmt) pro Mille.	Nahrung in Gr.	Versuch.	Anmerkungen.
29. Novbr.	3,900			1,135	75,933	147,697	154,03	I n a n i t i o n.		
4. Decbr.	3,230	0,060	18,928							
5. Decbr.	3,170	0,090	29,221							Eine kurze Zeit vor der Wägung hatte der Hund 125 Ccm. Wasser getrunken. Das transfundirte Blut enthielt: 74,5 pro Mille Serumrückstand, 156,35 pro Mille trockner Blutkörperchen (nach Becquerel-Rodier) oder 152,0 pro Mille nach Scherer.
6. Decbr.	3,080									
7.Decbr.	3,100			1,74	64,849	144,857	141,36		Transfusion	
	3,300*)									
9. Decbr.	3,020									
10 Decbr.	2,900	0,120	41,38							
11. Decbr.	2,830	0,070	24,735							Der Hund wurde durch Verblutung getödtet.
12. Decbr.	2,750	0,080	29,091	1,615	75,88	195,44	199,69			

*) „Nach beendigter Transfusion wog der Hund 3300 Grm., vor derselben und vor der Blutentziehung 3100 Grm. Er hatte also 200 Grm. Blut mehr als vorher."

1. Keine besonderen krankhaften Symptome während und nach der Transfusion. Der Hund[1]) «war nach der Transfusion etwas träge geworden, aber schien sich sonst im Ganzen recht wohl dabei zu befinden und zeigte keine auffallenden Symptome». Ueber das Befinden am letzten Tage bemerkt *Panum:* «er war sehr mager und ziemlich schwach, zeigte aber ausser den durch die Inanition und durch den Hunger hervorgebrachten Erscheinungen nichts Besonderes».

2. Dieser Versuch bietet, ebenso wie der folgende, kein geringes Interesse, weil die Blutmenge direct bestimmt wurde. Am 6ten Tage nach der Transfusion wurde das Thier durch Oeffnen der Carotiden verblutet, und die Blutmenge nach *Ed. Weber's* Methode bestimmt. Sie betrug ca. 9 pCt. ($\frac{1}{11}$) des Körpergewichtes; die Blutmenge war also von der Normalen nur wenig verschieden (etwas grösser). Die Zahl der Blutkörperchen war um 34,9 pCt. vermehrt; unmittelbar vor der Transfusion 144,9 trockne Blutkörperchen pro Mille (nach Becquerel-Rodier's Methode bestimmt) und 5 Tage nachher 195,4.

3. Der tägliche Gewichtsverlust schien nicht durch die Transfusion verringert worden.

Section. „Der Darm, wie sämmtliche Organe dieses Hundes, war normal beschaffen, abgesehen von der durch die Entziehung und durch das Ausspritzen mit Wasser entstandenen Blässe und Blutleere. Von jenen blutigen Ausscheidungen, die bei dem anderen Hunde[2]) bemerkt worden waren, fand sich hier keine Spur. Das Fett fehlte aber so vollständig, dass bei der Section weder im Unterhautbindegewebe, noch im Netz, noch anderswo eine Spur davon aufzufinden war.“

Dieser Versuch ist in jeder Beziehung ein Supplement meines Versuchs IV mittelst der indirecten Transfusion. Auch aus diesem Versuche geht, wie mir scheint, hervor, dass eine Vermehrung der Blutmenge um 83 pCt. oder ein wenig mehr ohne augenfällige Störungen sich bewerkstelligen lässt.

Panums Versuch II (und III).

Am *19ten* November 1854 wurde die Blutmenge eines Hundes um ca. *50 pCt.* vermehrt; am *21sten* November wiederum Blut transfundirt; es

---

[1]) *Panum* in Virchows Archiv. Bd. 29. J. 1864 S. 263.

[2]) Cfr. *Panum's* Versuch II (und III).

wurde diesmal die Blutmenge um *85,3 pCt.* vermehrt. Die Versuchsergebnisse gehen aus folgender tabellarischen Uebersicht hervor:

1854. Datum.	Körpergewicht in Kilo.	Gewichtsverlust in Kilo.	Fibrin pro Mille.	Serums Residuum pro Mille.	Die trocknen Blutkörperchen pro Mille (nach Becquerel-Rodier).	Die trocknen Blutkörperchen pro Mille (nach Scherer).	Versuch.	Anmerkungen.
13. Novbr.	5,320	Der tägliche Gewichtsverlust von 13—19 November schwankte zwischen 110—130 Gr.	2,886	59,367	97,948	95,14		
19. Novbr.	{4,100 4,260(?)						Transfusion. } Inanition }	Die Blutmenge um ca. 50 pCt. vermehrt.
20. Novbr.	4,100							
21. Novbr.	{3,960 4,220	0,140					Transfusion. }	Die Blutmenge um 85,3 pCt. vermehrt.
22. Novbr.	4,100							
23. Novbr.	3,800	0,300	4,08	54,15	198,34	196,86		Der Hund wurde durch Verblutung getödtet.

Versuch II am 19ten November 1854 [1]).

Die Blutmenge um ca. 50 pCt. vermehrt.

«Am 19ten November wurden ihm aus der Carotis eines anderen Hundes 160 Grm. Blut in das untere Ende der Jugularvene hinein transfundirt. Vorher war vergebens versucht worden, das Blut aus dem oberen Ende der Jugularvene des anderen Hundes in das untere Ende seiner Jugularvene überströmen zu lassen; es war dabei das Blut im Rohre geronnen, und es waren ohne Zweifel durch das Drücken und Streichen des Rohres Gerinnsel in den Kreislauf gebracht worden. Vor der Transfusion war der Hund sehr lebhaft gewesen. Jedesmal wenn ich in das abgesperrte Zimmer hin-

---

[1]) *Panum* in Virchows Archiv. Bd. 29. J. 1864. S. 259.

eintrat, äusserte er grosse Freude und wollte Futter suchen; er war aber sehr abgemagert. Nach dieser ersten Transfusion wurde er viel ruhiger; anfangs liess er einen eigenthümlichen Ton hören, wie fette Mopse ihn auszustossen pflegen. Aber schon am folgenden Tage wollte er wieder mit hinaus, um Futter zu suchen und war fast so lebhaft wie früher. Puls und Respiration waren so unregelmässig, dass sie nicht mit Sicherheit gezählt werden konnten, was, obgleich es bei Hunden oft wenig zu bedeuten hat, doch vielleicht von einem durch die hineingebrachten Gerinnsel bedingten localen Processe in den Lungen herrührte».

Es waren also eigentlich keine krankhaften Symptome, durch die Transfusion bedingt, zu bemerken. Der Versuch war aber wegen der hineingebrachten Gerinnsel complicirt, so dass er für die Beantwortung der Frage über den Einfluss der vermehrten Blutmenge auf das Befinden der Thiere nur eine ganz untergeordnete Bedeutung haben kann. Jedenfalls kann dieser Versuch nicht zu Gunsten der Anschauung angeführt werden, dass eine solche Vermehrung schädlich sei.

Versuch III am 21sten November 1854.

Die Blutmenge um 85,3 pCt. vermehrt.

Zwei Tage nachher wurde eine 2te Transfusion in derselben Weise angestellt. Diesmal wurden 260 Grm. transfundirt. «Danach befand sich unser nun offenbar sehr plethorisch gewordener Hund schlecht. Er stöhnte unablässig und hatte ganz seine Munterkeit eingebüsst. Der Puls war anfangs voller geworden, wurde aber im Laufe des Tages und noch mehr am folgenden Tage sehr schwach und ungemein langsam; er war dabei aber so unregelmässig, dass er nicht genau gezählt werden konnte. Der Hund war Abends sehr traurig, lag still hin und erhob sich kaum beim Zurufen. Am 23sten war die Langsamkeit und Schwäche des Pulses ungemein gross, die Augen waren eher prominent als eingefallen; der erste Herzton war von einem blasenden Geräusche begleitet. Die Mattigkeit war so gross, dass er nicht mehr stehen konnte. Die bedeutende und schnelle Gewichtsabnahme, die stöhnende, langsame und tiefe Respiration, sowie periodisch auftretende Krämpfe deuteten in Verbindung mit den übrigen Symptomen an, dass sein Ende nahe sei. Ich beschloss nun das Thier durch Verblutung zu tödten».

Section. „Hirn und Gehirnhäute ziemlich blutreich ... Am Rande der Lungen fanden sich mehrere lobuläre pneumonische Heerde ... Die Lungenarterie enthielt vor dem grössten lobulären Processe ein der Wandung fest adhärentes ... Blutgerinnsel ... Der Magen war mit einer ganz schwärzlichen, zum Theil schleimigen, hier und da die dunkelsten Blutfarbennüancen darbietenden Flussigkeit einigermaassen gefüllt. Die Schleimhaut zeigte in der Gegend des Pylorus eine Menge schwarzer, von Bluterguss in das submucöse Gewebe herrührender Flecke von der Grösse einer Erbse und meist von runder Gestalt ... Der Dünndarm war oben ebenfalls mit schwärzlicher, zum Theil dunkelblutfarbiger, schleimiger Flüssigkeit ziemlich gefüllt... Der untere Theil des Dünndarms und der Dickdarm enthielten viel pechschwarze Flüssigkeit ... Dieselbe rührte offenbar von zersetztem Blute her. Nieren, Milz, Pancreas, Peritoneum und Blase waren gesund. Die Blase enthielt klaren gelben Harn.‟

Dass die Erscheinungen hier nicht mit denjenigen Versuchen, in welchen die Blutmenge ebenfalls um ca. 80 pCt. vermehrt wurde (Versuch IV und V, *Panum*'s Versuch I und *Lesser*'s Versuche cfr. S. 38 und 54), übereinstimmen, ist leicht begreiflich. Dieser Versuch wurde zwei Tage nach einer Transfusion, durch welche die Blutmenge um 50 pCt. vermehrt, und obendrein Gerinnsel eingeführt wurde, unternommen; er ist daher mit so vielen Complicationen behaftet, dass aus demselben keineswegs auf grosse Schädlichkeit der Vermehrung der Blutmenge geschlossen werden kann. Nur die Ausscheidungen im Darmcanal dürften vielleicht Vermuthungen auf einen störenden Einfluss der Blutvermehrung zulassen.

Auch bei diesem Hunde wurde die Blutmenge nach der Transfusion bestimmt (ungefähr 48 Stunden nach der letzten Transfusion). «Das Verhältniss des Blutes zum Körpergewicht würde demnach $= \frac{10}{123}$ oder 7,9 pCt. sein. In Wirklichkeit war die Blutmenge jedoch jedenfalls noch grösser, da das Blut so schnell ausgeflossen war, dass die Aufsaugung oder der Lymphstrom seine Masse nicht wesentlich vermehrt haben konnte und da das Auswaschen nur unvollständig das restirende Blut aus dem Körper entfernen konnte.» Die Blutmenge war also jetzt ungefähr die normale; die Menge der Blutkörperchen war jetzt mehr als verdoppelt; vor der Transfusion 98 pro Mille (nach Becquerel-Rodiers Methode bestimmt), nach der letzten Transfusion 198; diese sehr grosse Zunahme kann kaum ausschliesslich von der letzten Transfusion herrühren, beide Transfusionen müssen bei der Beurtheilung in Betracht gezogen werden.

Panum's Versuche haben gerade deshalb einen besonderen Werth, weil in ihnen die *Blutmenge* direct *bestimmt* wurde. Die Resultate seiner Versuche lassen sich so zusammenfassen: *a)* als die Blutmenge ein Paar Tage nach diesen Transfusionen, welche dieselbe bedeutend vermehrt hatten, bestimmt wurde, war sie ungefähr normal; *b)* dagegen hatte zu dieser Zeit der Blutkörperchengehalt erheblich zugenommen; *c)* die Thiere können nicht mit Hülfe der Bluttransfusionen ernährt werden; *Panum's* Zweck war nämlich eben der, den Einfluss des Blutes auf die Ernährung zu erforschen.

Dagegen ist durch die Versuche *Panum's* keineswegs bewiesen, dass die Vermehrung der Blutmenge an und für sich schädliche Störungen hervorbringt. Sie zeigen in dieser Hinsicht vielmehr nur, dass eine Vermehrung der Blutmenge um 50 pCt. und 84 pCt. ohne erhebliche Störungen ertragen wird, dass aber freilich eine Vermehrung um 85 pCt., nachdem zwei Tage vorher eine Vermehrung um 50 pCt. vorhergegangen ist, krankhafte Symptome hervorbringen kann.

Dr. *L. Lesser* [1]) hat 2 Versuche mittelst directer Transfusion ausgeführt. Im Versuch I, in welchem die Blutmenge um 86 pCt. vermehrt wurde, traten keine krankhaften Erscheinungen auf, cfr.: «Gewicht des Hundes 7,1 Kilo. Dem Thiere wurden zugeführt 472 Gr. Blut = 6,6 pCt. des Körpergewichts . . . Das Thier zeigte keine Störung seines Befindens. Vom zweiten Tage nahm es das Futter in ungewöhnlich reichem Maasse zu sich. Da das Befinden bis zum siebenten Tage ungestört blieb, so wurde es von da ab nicht weiter beobachtet.»

Im Versuche II, in welchem die Blutmenge um 115 pCt. vermehrt wurde, schien die Grenze fast überschritten, das Thier zeigte Störungen seines Befindens, genas aber. «Gewicht des Hundes 4,73 Kilo. Dem Thiere wurden zugeführt 420 Gr. Blut = 8,9 pCt. des ursprünglichen Körpergewichts... Das Thier zeigte sich einige Tage hindurch munter aber ohne Fresslust. Aus den Wunden floss am vierten Tage ein bräunliches Secret, das sich jedoch am siebenten und achten Tage in ein eitriges verwandelte. Zu dieser Zeit ward das genesene Thier durch Verblutung getödtet und secirt. Ausser einigen kleinen Ecchymosen von Nadelkopfgrösse, die sich unter der Pleura und Pericardium fanden, ward nichts Abnormes angetroffen.»

---

[1]) *Lesser,* l. c. S. 175—176.

Die Erscheinungen werden also nicht durch die Transfusionsmethode besonders beeinflusst; das defibrinirte Blut und die directe Transfusion brachten im Wesentlichen dieselben Erscheinungen hervor.

§ 7.

Uebersicht der gewonnenen Ergebnisse.

Es bleibt mir noch übrig einen Ueberblick über die durch diese Experimentaluntersuchung gewonnenen Resultate zu geben.

A. *Der Einfluss der vermehrten Blutmenge im Allgemeinen.*

Die Versuche zeigen, dass die *langsame* Transfusion selbst *grosser Blutquanta, durch welche die normale Blutmenge sogar bis um 82— 83 pCt. vermehrt wurde, ohne Schaden ertragen werden kann.* Es beweist dies hinlänglich die Unhaltbarkeit der Bedenken gegen jede Vermehrung der Blutmenge. Werden die Einspritzungen nur langsam und mit Pausen ausgeführt, kann ein grosses Quantum ohne schädliche Symptome [1] hervorzurufen leicht aufgenommen werden. — Aber es giebt eine Grenze, oberhalb welcher die Vermehrung lebensgefährliche Symptome hervorbringt. Diese Grenze scheint nach meinen Versuchen bei der Vermehrung um 154 pCt. überschritten. Wahrscheinlich existirt indessen keine scharfe Grenze; individuelle Verhältnisse, das Alter und der Ernährungszustand des Thieres haben sicherlich grosse Bedeutung. Wir werden im Folgenden unsere Betrachtung über das Schicksal der vermehrten Blutmenge

---

[1] Es ist bemerkenswerth, dass ich niemals bei meinen Versuchsthieren Erscheinungen von Gehirnreizung oder Gehirndruck observirt habe, und dass die Sectionen niemals augenfällige Congestion oder Exsudation in den Häuten des Gehirns oder in diesem selbst zeigten. Es dürfte dieser negative Befund durch die interessanten Untersuchungen der Herrn *Axel Key* und *Retzius* seine Erklärung finden. Aus diesen Untersuchungen geht hervor, dass die Blutgefässe, welche ins Gehirn eindringen, in scheidenförmigen Canälen liegen, die in subarachnoideale Räume ausmünden, welche wiederum mit den Lymphbanen in der Orbita, am Halse und ferner durch die glandulæ Pacchioni mit Sinus duræ matris communiciren. Es kann daher leicht das eingespritzte Blutplasma im Gehirn seinen Ablauf durch diese Canäle und Räume finden, so dass ein grösserer Druck auf das Gehirn vermieden wird.

vorzugsweise an die Versuche, in denen keine Störungen auftraten [1]), anknüpfen.

B. Die Vermehrung der Blutmenge durch die Transfusion ist vorübergehend.

Nach den mitgetheilten Versuchen [2]) ist es nicht unwahrscheinlich, dass bereits ein Paar Stunden nach der Transfusion ca. die Hälfte des ein-

---

[1]) Die Versuche, in denen die Blutmenge bis um 83 pCt. vermehrt wurde.

[2]) Dr. *L. Lesser* (l. c. S. 167—172) hat mit Hülfe der Färbekraftbestimmungen unmittelbar vor und nach der Transfusion auf Basis der Wahrscheinlichkeitsberechnung gefunden, dass die Exsudation während und unmittelbar nach der Transfusion eine sehr geringe ist; es scheint demnach, als ob höchstens nur $1/_5$ des eingespritzten Blutplasma in dieser Zeit durch die Gefässwände ausgetreten wäre. Da die Blutkörperchen in meinen Versuchen nicht unmittelbar nach der Transfusion sondern gewöhnlich einige Stunden nachher gezählt wurden, könnte man vielleicht hieraus schliessen, dass eine sehr reichliche Exsudation in den ersten Stunden nach der Transfusion vor sich gehe. Die Versuche *Lesser*'s lassen aber, wie ich glaube, keine bestimmten Schlüsse in dieser Hinsicht zu; der Grund hiezu liegt aber kaum in der Methode selbst. Die Färbekraftbestimmungen sind nach meinen Beobachtungen, welche in einer anderen Abhandlung erörtert werden sollen, fast ebenso zuverlässig wie die Blutkörperchenzählungen; die schätzbaren Versuche *Lesser*'s sind aber der von ihm gegebenen Darstellung zufolge vielleicht nicht ganz methodisch durchgeführt; bei den Färbekraftbestimmungen sind nämlich die Complicationen grösser. — Meine Versuche können, wie ich glaube, auf grössere Genauigkeit Anspruch machen; die Uebereinstimmung der gefundenen Maximumszahl (nach den Einspritzungen) mit der berechneten scheint hiefür zu bürgen. Meine Versuche lassen sich aber in mehrerer Hinsicht noch genauer ausführen. Es kann die Venäsection, welche ich vor der Transfusion behufs der Blutanalyse ausführte, weggelassen werden, es kann überhaupt die Vermehrung der Blutmenge schärfer bestimmt werden, es war ausserdem in meinen Versuchen das eingespritzte Blut der Verdampfung ausgesetzt, indem es während der Transfusion in einem vom warmen Wasser umgebenen Gefässe aufbewahrt wurde. Ich habe diesen Fehler dadurch zu vermeiden gesucht, dass ich *a)* unmittelbar vor der Transfusion, *b)* unmittelbar nach der Transfusion gleich grosse Blutquanta aus dem Gefässe herausnahm, zusammenmischte und in der Mischung die Blutkörperchen zählte. Das Gefäss wurde zwar mit einer Glasplatte zugedeckt, diese musste aber oft abgenommen werden, so

gespritzten Blutplasma durch die Gefässe ausgetreten war, mit anderen Worten dass die wirkliche Vermehrung erheblich geringer gewesen ist, als das eingespritzte Blutquantum. Aber anderseits ist es durch den Befund, dass ungefähr die Hälfte der eingespritzten Blutmenge den ganzen ersten Tag nach der Transfusion im Gefässraume geblieben, wo möglich noch evidenter festgestellt, dass die im Gefässsysteme enthaltene Blutmenge durch die Transfusion bedeutend *vermehrt* werden kann. Ausserdem haben wir specielle und nicht unwichtige Auskünfte [1] *über den Grad der Ueber-füllung erhalten.*

Ferner ist es erwiesen, dass diese *Vermehrung nur von kurzer Dauer ist; nach einigen (2—5) Tagen ist die Blutmenge höchst wahrscheinlich zur Norm zurückgekehrt.* In den Versuchen, bei denen der eingeführte Ueberschuss nur ca. 30 pCt. der normalen Blutmenge betrug, schien die Blutmenge bereits am anderen Tage fast auf die Norm herabgesunken; in den Versuchen dagegen, bei denen der Ueberschuss 50—83 pCt. betrug, geschah das Herabsinken auf die Norm erst nach 3, 4—5 Tagen.

Die Vermehrung ist also in jedem Falle nur vorübergehend, und der Satz *Valentin*'s — «die Natur hat einen gewissen unveränderlichen Procentgehalt des Gesammtkörpers an Blut festgestellt und behauptet diesen Procentwerth auch in den Zehrkrankheiten, wo fast keine Nahrung aufgenommen wird, durch Aufnahme aus den Geweben» — mag sicherlich insofern richtig sein, als jede Vermehrung (resp. Verminderung) wahrscheinlich nur vorübergehend ist. Aber dass innerhalb gewisser ziemlich weiter Grenzen der Procentgehalt des Körpers an Blut vorübergehend ohne irgend eine Störung wechseln kann, ist durch diese Versuche, in denen der Grad der Ueberfüllung bestimmt wurde, erwiesen. Ich habe dies in meiner vorigen Abhandlung als Vermuthung ausgesprochen und die Aufmerksamkeit der Physiologen auf das Studium der Variationen der Blutmenge nach den Mahlzeiten hingelenkt. Diese Untersuchung, deren Bedeutung *H. Nasse, Vierordt, Panum* und Andere bereits vor vielen Jahren hervorgehoben, die aber mit den bisher gebräuchlichen Mitteln kaum durch-

---

dass die Verdunstung nicht vermieden wurde; es lässt sich dies leicht in neuen Versuchen ändern, ist übrigens von nicht sehr grosser Bedeutung.

[1] Cfr. die speciellen Data der einzelnen Versuche.

geführt werden konnte, ist seitdem mit Hülfe der Zählungsmethode *Malassez*'s von Herrn Dr. *Bundtzen* ausgeführt worden; hienach scheint die
Blutmenge während und nach den Mahlzeiten in nicht geringem Grade
variiren zu können.

Es verdient hervorgehoben zu werden, dass die Abnahme der vermehrten Blutmenge in den ersten Tagen nach den Transfusionen keineswegs ganz regelmässig (cfr. Versuch II, III, IV) zu geschehen scheint,
indem die Zahl der Blutkörperchen nach diesen Transfusionen nicht continuirlich bis zum Maximum stieg. Es traten hier ziemlich grosse Fluctuationen ein, die kaum ausschliesslich von Fehlern der Zählungsmethode oder
anderen Complicationen herrühren dürften; z. B. war im Versuch II die
Zahl der Blutkörperchen am anderen Tage nach der Transfusion 414, am
dritten Tage aber nur 397, am vierten Tage dagegen 433. Der Grund
dieser Erscheinung ist vielleicht in folgendem Umstande zu suchen. Wegen
der reichlichen Exsudation circulirt vermuthlich in den ersten Tagen nach
diesen Transfusionen ein rascher und lebhafter Lymphstrom überall im Organismus. Es werden dem Blut in jedem Augenblick reichliche Flüssig-
keitsquanta zugeführt, und es kann sich deshalb leicht ereignen, dass
die Blutmenge in diesen Tagen ganz vorübergehend zunimmt, so dass die
Zahl der Blutkörperchen, obwohl im Grossen und Ganzen in der Zunahme begriffen, vorübergehend nach der anderen Richtung hin schwanken
also momentan (scheinbar) abnehmen kann.

C. *Was wird aus dem eingespritzten Blute?*

Wir haben im Vorhergehenden gesehen, dass der Ueberschuss vom
Blutplasma nach kurzer Zeit ausgeschieden wird, dass somit ein grosses
Quantum von Eiweiss dem Stoffwechsel anheimfällt. Mit den *Blutkörperchen*
verhält es sich aber ganz anders. In den in dieser Arbeit beschriebenen
Versuchen war in der Regel weder Decomposition noch Austritt von Blutkörperchen in den ersten Tagen nach der Transfusion zu beobachten. Es
ist sogar auffällig, dass die Maximalzahl der Blutkörperchen, welche einige
Tage nach der Transfusion erhalten wurde, dem eingespritzten Blutquantum
resp. seinem Blutkörperchengehalt fast proportional war. Die Berechnung,
welche auf der Grundlage der sogenannten normalen Blutmenge aufgestellt
wurde, stimmt nämlich mit der gefundenen Zahl so gut überein, dass

man mit ziemlich grosser Sicherheit die Schlussfolgerung ziehen kann, dass die Blutkörperchen in den ersten Tagen nach den Transfusionen, in denen die Blutmenge um 30 bis zu 83 pCt. vermehrt wurde, nicht in merkbarer Weise austreten oder decomponirt werden.

Hieraus folgt, dass beim Studium der weiteren Schicksale des eingespritzten Blutes das Blutplasma und die Blutkörperchen besonders für sich getrennt betrachtet werden müssen.

a) Das Blutplasma.

In den ersten 2, 3—4 Tagen nach der Transfusion tritt das Blutplasma aus den Gefässen heraus; zu derselben Zeit ist die Harnstoffsecretion erheblich vermehrt. Diese Harnstoffzunahme kann, wie wir in sämmtlichen Versuchen gesehen haben, nicht genügend durch die Annahme erklärt werden, dass das vermehrte Flüssigkeitsquantum ein Ausspülen fertiggebildeten Harnstoffs bewirkt habe, denn 24—48 Stunden nach der Transfusion war das sp. Gewicht des Harns ungefähr dasselbe wie zuvor; ausserdem war die Harnstoffzunahme eine weit bedeutendere, als man nach dieser Erklärung hätte erwarten können.

Wir müssen annehmen, dass in dieser Zeit *eine bedeutende Decomposition stickstoffhaltiger Bestandtheile geschehen ist*, und wir sind auf Grund sämmtlicher Versuche zu der Schlussfolgerung geführt worden, dass in den ersten zwei bis drei Tagen nach der Transfusion vorzugsweise die *im Blutplasma* enthaltenen Albuminate decomponirt worden. Die Gründe für diese Annahme waren: 1) dass das Blutplasma in dieser Zeit durch die Gefässwände austritt, 2) dass die Blutkörperchen dagegen in den 2—3 ersten Tagen nicht merkbar decomponirt werden (oder aus dem Gefässsysteme austreten [1]).

Dieser Befund, dass die Harnstoffmenge durch das Einführen von Blutplasma in die Gefässe schnell zunimmt, bietet ein nicht geringes Interesse

---

[1] Um zu controliren, inwieweit diese Vermehrung des Harnstoffs vom Blutplasma herrührt, wären vielleicht Versuche mit der Transfusion vom Hundeserum wünschenswerth gewesen; da aber keine Centrifuge, mit deren Hülfe Serum in grösseren Mengen dargestellt werden konnte, zu meiner Disposition stand, habe ich diese Versuche unterlassen.

dur. Prof. *A. Fick* hat in der neueren Zeit die Hypothese aufgestellt, dass der Harnstoff, welcher z. B. bereits in den ersten 6—7 Stunden nach reichlichen Mahlzeiten in grosser Menge ausgeschieden wird, nicht von absorbirten Eiweissstoffen sondern von absorbirten Peptonen herrühre. Für die Richtigkeit dieser Hypothese ist, wie mir dünkt, kein bestimmter Beweis vorhanden. Die Nahrungsmittel verweilen zu kurze Zeit im Darmcanal, als dass ein grösserer Theil derselben in Peptone umgewandelt werden könnte. Ausserdem geschieht die Absorption continuirlich (freilich mehr oder weniger) von der Aufnahme der Nahrungsmittel in den Darmtractus an auf ihrem ganzen Wege durch denselben bis zu ihrer Entleerung durch den After. Es liegen übrigens meines Wissens keine Experimente vor, aus denen mit Sicherheit hervorgeht, dass die Peptone ins Blut hineingespritzt die Harnstoffsecretion vermehren. Andererseits haben *Brücke, Voit, Bauer* u. A. mit Wahrscheinlichkeit bewiesen, dass die Eiweisskörper als solche von Darmcanal aus absorbirt eine Vermehrung der Harnstoffsecretion bedingen können. Die Einseitigkeit der Hypothese des Herrn *Fick* erhellt vielleicht am besten aus der durch diese Untersuchung gewonnenen Erfahrung, dass höchst wahrscheinlich ein grosser Theil der durch die Transfusion in den Blutkreislauf aufgenommenen Eiweisskörper binnen kurzer Zeit oxydirt und in Harnstoff umgewandelt worden [1]).

b) *Die Blutkörperchen.*

In sämmtlichen Versuchen (mit Ausnahme von Versuch V) haben die Blutkörperchen jedenfalls in den ersten 2—4 Tagen nach der Transfusion sich im Wesentlichen unverändert erhalten. Es ist ausser Zweifel, dass die eingespritzten Blutkörperchen (selbst bei grosser Vermehrung) conservirt

---

[1]) Ob diese Oxydation ausschliesslich in den Geweben oder z. Th. auch im Blute geschehe, ist nicht zu entscheiden. Wegen des grossen Reichthums des Blutes an Zellenelementen, der nach diesen Transfusionen eintritt, und wegen des reichlichen Lymphstromes, der dem Blute in dieser Zeit zugeführt wird, also auf Grund der stetigen Wechselwirkung einer grossen Zahl von Zellenelementen innerhalb des Gefässsystemes mit dem Blutplasma, ist die Vermuthung vielleicht nicht ganz unbegründet, dass in dieser Zeit auch innerhalb des Gefässsystemes Verbrennung stattfinden könnte. Sie hat aber keine bestimmte und reelle Grundlage und kann daher auf keine eigentliche Beachtung Anspruch machen.

werden können und dass sie functioniren. Die Resistenz der rothen Blutkörperchen ist eine sehr grosse. Durch meine Inanitionsversuche ist es
festgestellt, dass die Blutkörperchen verhaltnissmässig langsam decomponirt
werden; während der Hungerzeit nimmt gewöhnlich ihre Zahl (relativ) zu.
Auch die *eingespritzten* Blutkörperchen von derselben Thierart zeigten eine
ähnliche Resistenz. Wenn wir im Versuch II (cfr. S. 21—26) sehen, dass die
Zahl der Blutkörperchen in den 8—9 Hungertagen nach der Transfusion
in unerwarteter Weise zunahm, ist es einleuchtend, dass die Lebens-
fähigkeit dieser transfundirten Zellenelemente eine sehr erhebliche war.
Einen anderen und wichtigen Beweis für die Fähigkeit der Blutkörperchen
aüsseren Einflüssen zu widerstehen, liefert Versuch III, in welchem das
defibrinirte Blut an einem kalten Orte aufbewahrt wurde. Trotzdem war
keine erheblich grössere Destruction dieser eingespritzten Blutkörperchen zu
beobachten. Sie lebten im Versuchsthiere in kürzerer oder längerer Zeit;
das Blut dieses Hundes enthielt am vierten Tage nach der Transfusion
eine der Berechnung entsprechende Zahl. Diese Thatsache ist vom Belang
für die tiefere Einsicht in die Oekonomie des thierischen Lebens. Winter-
schlafende Thiere können mehreren Mittheilungen zufolge bis auf einige
Grade über den Nullpunkt abgekühlt werden, ohne dass das Leben erlöscht.
Es ist seit langer Zeit bekannt, dass man mittelst des defibrinirten Blutes,
das ca. 24 Stunden im Eis aufbewahrt, anämische Zustände verbessern
kann[1]). Man hat aber früher, da eine bequeme Methode der Zählung der
Blutkörperchen fehlte, sich nicht mit Sicherheit davon überzeugt, dass
dieses abgekühlte Blut wirklich für längere Zeit seine Lebenskraft bewahrt·
hatte und dass die Blutkörperchen desselben sogar bei Individuen, wo
Blut im Ueberschuss vorhanden ist, sich erhalten. Wir haben in meinen ˙
Versuchen gesehen, dass eine Temperatur von 3—4 ⁰ C. auf diese Zellenelemente beinahe 24 Stunden hindurch einwirken konnte, ohne dass ihre
Lebenskraft im merklichen Grade vernichtet wurde. Hiemit will ich indessen
keineswegs bestreiten, dass in den zwei Versuchen (Versuch III und V), bei
denen defibrinirtes Blut, in Eis aufbewahrt, angewandt wurde, eine grössere
Zahl von Blutkörperchen als gewöhnlich zu Grunde ging. Denn 1) war
sowohl im Versuch III als im Versuch V der Harn in mehreren Tagen

---

[1]) Cfr. *Panum* in Virchows Archiv. Bd. 27. Jahr. 1863. S. 271.

nach der Transfusion dunkel gelbbraun gefärbt [1]) und 2) wurden im Versuch V in den ersten Tagen nach der Transfusion die Blutkörperchen in merkbar grösserem Massstabe als in den anderen Versuchen destruirt [2]).

Wir haben so eben gesehen, dass das im Versuchsthiere enthaltene Blutroth einige Tage nach der Transfusion mit Blut derselben Thierart gewöhnlich die Summe des ursprünglichen und des eingespritzten repräsentirt, mit anderen Worten dass trotz der Vermehrung der Blutmasse kein Austritt von Blutkörperchen zu bemerken war. Hiemit scheint freilich die von mir in meiner früheren Abhandlung hervorgehobene Thatsache im Widerspruch zu stehen, dass die Lymphe, welche während der Einspritzungen aus dem ductus thoracicus ausfloss, röthlich gefärbt war und Blutkörperchen enthielt, deren Zahl in den am Schlusse und unmittelbar nach der Transfusion aufgesammelten Portionen am grössten war. Es traten also hier die Blutkörperchen mit Leichtigkeit von den Blutgefässen in das Lymphgefässsystem über. — Da es nun durch meine Untersuchungen bewiesen ist, dass nirgendwo ins Gewebe Extravasate austraten, so muss man annehmen, dass präformirte Bahnen, die nicht allein dem Blutplasma sondern auch den Blutkörperchen permeabel sind, zwischen den Capillärgefässen und den Lymphgefässen existiren. Hoffentlich werden die interessanten Untersuchungen von *Arnold* [3]) («Ueber die Beziehung der Blut- und

---

[1]) *Panum* (l. c. S. 271) bemerkt über einen Hund, dem in Eis aufbewahrtes defibrinirtes Blut eingespritzt wurde: „während der Nacht entleerte er 220 Ccm. Harn, der etwas alkalisch reagirte und ziemlich dunkel gefärbt war, jedoch weder Blut noch Eiweiss enthielt." In einem meiner Versuche (Versuch III) schien der Harn am folgenden Tage nach der Transfusion Gmelins Gallenreaction zu zeigen.

[2]) Es muss jedoch noch einmal bemerkt werden, dass die Destruction in diesem Falle jedenfalls z. Th. auch von anderen Ursachen herrührt. Der Versuch V ist ein complicirter; längere Zeit vorher wurde die Production von der Consumtion der Blutkörperchen übertroffen. — Vergleichen wir den Versuch V mit Versuch 1 (S. 16—17), so zeigen die Tabellen, dass das Schicksal der Blutkörperchen nach der Transfusion im Wesentlichen in beiden das Analoge war. Im Versuch I war das eingespritzte Blut unmittelbar vorher entleert worden, im Versuch V dagegen 20 Stunden vor der Transfusion; die Aufbewahrung in Eis hat somit keinen wesentlich durchgreifenden Unterschied verursacht.

[3]) Prof. Dr. *Julius Arnold* in Virchows Archiv. Bd. 62. J. 1874. S. 157—193.

Lymphgefässe zu den Saftcanälen»), die für' die Existenz solcher Communicationen zu sprechen scheinen, uns genauere Aufschlüsse über diese·Fragen geben.

Was nun das weitere Schicksal der Blutkörperchen betrifft, so kommen bei der Beurtheilung verschiedene Momente in Betracht, die einerseits die Beantwortung zu erleichtern scheinen, andererseits aber derselben sehr hinderlich sind. *Der eingeführte Ueberschuss von Blutkörperchen hat wahrscheinlich für gewöhnlich·nur eine begrenzte Lebensdauer; es scheint, als ob die vermehrte Zahl der Blutkörperchen einen längeren Zeitraum hindurch nach und nach dem Stoffwechsel anheimfällt.* Der Harnstoff war in sämmtlichen Fällen längere Zeit, nachdem das Blutplasma ausgetreten war, vermehrt, und in eben dieser Zeit, während welcher einerseits die Blutmenge aller Wahrscheinlichkeit nach auf die Norm herabgesunken und andererseits die Harnstoffmenge diejenige vor der Transfusion übertraf, war in der Regel eine deutliche Abnahme in der Zahl der·Blutkörperchen zu bemerken. Es wurde diese Destruction der Blutkörperchen so regelmässig von einer vermehrten Harnstoffproduction begleitet, dass das Causalverhältniss sich nicht' verkennen lässt. — Im Widerspruch hiemit scheint Versuch II zu stehen. In diesem Versuche nahm die Zahl der Blutkörperchen und ebenso auch der Harnstoff während der ganzen Beobachtungszeit nach der Transfusion zu [1]). Die Ursache der Harnstoffproduction ist hier dunkel; wir müssen·bezüglich der näheren Erörterung auf die Beschreibung des Versuchs hinweisen.'

Die eingespritzten Blutkörperchen wurden also langsam destruirt; sie bedingen möglicher Weise die mehr permanente Vermehrung des Harnstoffs nach der Transfusion; hiemit ist aber ihr Schicksal nicht hinlänglich beleuchtet. Die Umsatzproducte des rothen Farbstoffes sind nicht verfolgt worden; es ist zu vermuthen, dass ein Theil derselben auf irgend eine Weise decomponirt in den Harn (cfr. Versuch III und V) übergetreten ist. Eine Vermehrung des Gallenfarbstoffes konnte nicht beobachtet werden, es war in keinem Versuche Icterus zu bemerken.

---

[1]) Die Harnstoffsmenge stieg hier am 7—8 Hungertage nach der Transfusion auf 12 Gr., kein Fieber, keine Destruction der Blutkörperchen wurde beobachtet.

Dass im Versuch VI und VII bei der Section eine reichliche Menge Schleim mit Galle gemischt im Dünndarm gefunden wurde, giebt kaum irgend einen Anhaltspunkt.

D. Die Bedeutung der Vermehrung der Blutkörperchen für die Praxis. Die Unwesentlichkeit der Defibrination.

Man darf mit Bestimmtheit annehmen, dass die Versuchsthiere nach einiger Zeit (etwa nach einem Monate) den grössten Theil des durch die Transfusion bewirkten Ueberschusses an Blutkörperchen verloren haben. Im Versuch V war sogar die Zahl der Blutkörperchen 3 Wochen nach der Transfusion ungefähr dieselbe wie vor dem ersten Transfusionsversuche mit diesem Thiere (Versuch IV). Aber auch davon abgesehen, dass das einge-spritzte Blut in diesem Falle 20 Stunden hindurch in Eis aufbewahrt ge-wesen, müssen wir überhaupt beachten, dass bei sämmtlichen Versuchen die Thiere unter Verhältnissen lebten, die für das Gedeihen der Blutkör-perchen höchst ungünstig waren. Die Versuchsthiere waren ca. 4—8 Tage vor und nach der Transfusion dem Hunger und Durst ausgesetzt. Dass unter solchen Umständen die Versuchsthiere ausser Stande waren eine grössere Zahl von Blutkörperchen auf die Dauer bewahren zu können, ist im Grunde selbstverständlich; aber um so mehr Gewicht muss man darauf legen, dass die Blutkörperchen unter so ungünstigen Verhältnissen bei den Versuchsthieren längere Zeit hindurch fungiren konnten. Es deutet dies darauf hin, dass man mittelst der Transfusion unter günstigen Ernährungs verhältnissen in verschiedenen chronischen Anämien (Chlorose etc.) wirklich permanent die Zahl der Blutkörperchen auf diesem Wege vermehren könne. Die dem Organismus zugeführte grössere Zahl von Blutkörperchen wird jedenfalls mehrere Wochen und vielleicht durch gute und kräftige Er-nährung noch längere Zeit conservirt werden können. Es ist diese Frage von so eingreifender Wichtigkeit und der experimentellen Beantwortung so leicht zugänglich, dass sie eine allseitige Lösung verdient.

Auf Grund dieser meinen Untersuchungen hat die Transfusion eine um so grössere Bedeutung erhalten, als ich gezeigt habe, dass die Lebenskraft der Blutkörperchen nicht von der *Defibrination* und auch nicht in erheblichem Grade von der Kälte influirt wird. Die Bedeutungslosigkeit des Fibrins in dieser Hinsicht verdien noch einmal gegenüber den neueren Angaben von Dr. *Gesellius* in St. Petersburg [1]), *Guiseppe Albini* [2]) in Neapel u. A. hervorgehoben zu werden, die ohne bestimmte Beweise und ohne irgend einen annehmbaren Grund die Schädlichkeit der Defibrination in dieser Hinsicht betonen. Es ist übrigens in den letzten 11 Jahren, seit den Untersuchungen von Prof. *Panum*, hinlänglich bekannt, dass das Fibrin in dieser Hinsicht keine besondere Bedeutung haben kann. Allein erst durch *Gesellius's* Opposition und Reclame ist es nothwendig geworden durch neue Versuche diese Thatsache wiederum constatiren zu müssen; indessen ist dadurch eine allseitige Beleuchtung und tiefere Einsicht gewonnen.

Das defibrinirte Blut hat bezüglich *der Vermehrung der Blutkörperchen im Wesentlichen denselben Nutzen* wie das undefibrinirte Blut.

Es wird dies auch durch die neuesten medicinischen Erfahrungen, (z. B. Dr. *Leisrink, Hasse* [3]), *Luigi Tassinari* [4]), völlig bestätigt.

Anm. Wir werden hier die Resultate der Versuche *Hasses* mit defibrinirtem Menschenblute anführen, um zu zeigen, auf welcher losen Grundlage und

---

[1]) *Gesellius* („die Transfusion des Blutes" St. Petersburg 1873). Ich werde mich darauf beschränken, einige Worte des Hern *Gesellius* anzuführen, welche genügend beweisen, mit welcher oberflächlichen Kritik er die physiologischen Untersuchungen ausbeutet. *Gesellius* sagt S. 137:

„1. dass das Fibrin nur das ausgeworfene-Product der Blutkörperchen ist,

2. dass jedes Blutkörperchen ausserhalb des lebenden Organismus, das seinen Fibrin abgegeben, *abgestorben* ist,

3. dass somit ein Blut, welches *völlig* entfasert ist, zur Transfusion nicht nur unbrauchbar, sondern sogar schädlich ist."

Meine Versuche zeigen zur Genüge die Unrichtigkeit des Ausspruchs, dass die Defibrination den Tod der Blutkörperchen bewirkt.

[2]) Prof. *Guiseppe Albini* „Ueber directe Bluttransfusion und einen neuen Apparat hiezu" im Centralblatt für Chirurgie J. 1874. S. 69 (referirt nach *Il. Morgagni* 1874. Fasc. I. S. 19—28).

[3]) Dr. *O. Hasse* „die Lammblut-Transfusion beim Menschen" St. Petersburg 1874. S. 1—14.

[4]) Dr. *Luigi Tassinari* (Bollett. delle Scienze med. Bologna 1874. Genajo, pag. 39—57) referirt im Centralblatt für Chirurgie, Jahrg. I. 1874. No. 5. S. 66 - 67.

mit welcher geringen Berechtigunger eine sichere Methode verlassen und nach dem Vorschlage *Gesellius*'s die Lammbluttransfusion adoptirt hat, deren Nutzen insbesondere seit den Untersuchungen von *Panum* für äusserst problematisch angesehen werden muss.

Hasse hat die Transfusion mit defibrinirtem Menschenblute in 16 Fällen angewandt; über die Resultate spricht er sich folgendermaassen aus:

„Mit den in diesen 16 Fällen erzielten Resultaten konnte man sehr wohl zufrieden sein, denn die Transfusion hatte

1. in keinem Falle nachtheilig gewirkt,

2. in 9 völlig unheilbaren Krankheitszuständen das drohende Ende aufgehalten und den betreffenden Patienten noch einige Wochen relativen Wohlseins verschafft . . . Fall No. 16 beweist sogar, dass bei noch nicht gar zu weit vorgeschrittener Lungenphthisis durch die Transfusion die Heilung angebahnt und wesentlich gefördert werden kann.

3. Sie hatte in 4 anderen Fällen vollständige und dauernde Genesung von ziemlich verzweifelten und anscheinend unheilbaren Uebeln herbeigeführt.

4. Nur in 3 der Fälle hatte sie den an sie gestellten Erwartungen nicht entsprochen, sondern nur geringe Besserung bewirkt . . .

Kurz gefasst konnte ich also nach diesen meinen Beobachtungen sagen: Die Transfusion mit defibrinirtem venösen Menschenblute ist einerseits eine leichte und bei gehöriger Vorsicht gefahrlose Operation, andrerseits ein lebensrettender Eingriff gegen manches anderweitig unheilbare Uebel."

Man hat behauptet, dass durch die Einspritzung des defibrinirten Blutes *(Magendie, Demme, Mader)* leicht *Blutungen und sanguinolente Exsudationen* entstehen [1]). Bei meinen Versuchen müsste man vorzugsweise

---

[1]) Diese Behauptung hat kaum irgend eine sichere Stütze. Fehlerhaft angestellte Versuche (z. B. zu schnelles Einspritzen), hoffnungslose Transfusionsversuche beim kranken Menschen, die gedankenlose Vergleichung der verschiedenartigsten Versuche haben die Aerzte verwirrt gemacht. Die in der neuesten Zeit von *Nicolai Taburé* gelieferten experimentellen Beiträge *(Nicolai Taburé* „über Transfusion des Blutes" referirt im Centralblatt für Chirurgie 1874, S. 6—7) können dazu dienen, die auf diesem Gebiete geübte Unkritik zu illustriren. *Taburé* unternahm eine grössere Versuchsreihe „um den Zeitpunkt festzustellen, wann an acut anämischen Kranken, die einer grösseren Operation (Amputation) unterworfen worden waren, oder unterworfen werden sollten, die Transfusion vorgenommen werden muss. In 8 Fällen wurde Hunden ein Bein amputirt, dabei durch Abzapfen von ca. 45—50 pCt. der (nach Wel-

in den ersten Stunden nach der Transfusion, zu welcher Zeit die Blutmenge erheblich vermehrt war, dies haben erwarten können, es geschah indessen nichts derartiges.

Im Versuche I schien es, als ob eine derartige Blutung aus der Operationswunde einträte; es rührte dieselbe aber höchst wahrscheinlich von einem überschnittenen Gefässe her. Unmittelbar nach der Transfusion trat nämlich eine Blutung von einem begrenzten Orte am oberen Theile der Wunde ein; diese wurde jedoch nach der Anlegung einer Klemmpincette an diesem Orte sofort gestillt; es war dies also keine verbreitete Capillarblutung.

Es ist von keinem geringen Interesse, dass in den Versuchen, in denen die Blutmenge bis um 83 pCt. vermehrt wurde, weder Blut noch Eiweiss im Harne nachgewiesen wurde [1]. Es mag immerhin der Fall sein, dass die Sorgfalt, mit welcher ich die Gefässe trocknete, in denen das defibrinirte Blut gesammelt und aufbewahrt wurde, einiges zu dem günstigen Resultat, dass keine Spur von Blut austrat, beigetragen hat; es hat aber diese Vorsichtsmaassregel jedenfalls nur eine ganz untergeordnete Bedeutung. Sicher ist es, dass das defibrinirte Blut vorsichtig aufbewahrt und langsam eingespritzt, selbst unter solchen Umständen, unter denen die Blutmenge nicht unerheblich vermehrt worden, ohne irgend eine Blutung oder Extravasat in das Gefässsystem aufgenommen wird.

cker berechneten) totalen Blutmenge des Versuchsthieres eine hochgradige Anämie erzeugt und in Zeiträumen von 10 bis 30 Minuten nach der Amputation defibrinirtes Thierblut einer fremden Gattung (Kalbs oder Schafblut, nur in einem Falle das eigene defibrinirte Blut) eingespritzt. In allen Fällen erfolgte der Tod und zwar in Folge von nicht zu stillenden, parenchymatösen Blutungen aus dem Amputationsstumpfe. Verf. zieht aus diesen Experimenten den Schluss, dass sich durch den Ersatz des normalen Blutes durch defibrinirtes „Hæmophilie" ausbilde und daher die Transfusion nach grösseren blutigen Operationen nicht allein nichts nütze, sondern absolut schade." Es ist durchaus unrichtig die Transfusionsversuche mit defibrinirtem Blute anderer Gattung als Beleg anzuführen; wie wir später sehen werden, kommen fast immer bei der Transfusion des Lammblutes (defibrinirtes oder nicht defibrinirtes) beim Hunde reichliche capillare Blutungen vor, welche bei defibrinirtem Blute derselben Thierart nach meinen Erfahrungen nicht eintreten.

[1] Ebenso haben *Lesser* (l. c.) und *A. Jakowicki*, der im Laboratorium von Prof. *A. Schmidt* in Dorpat arbeitete (cfr. Centralblatt für Chirurgie

Wir haben also keinen schädlichen Einfluss der Defibrination [1]) nachweisen können. Die Vortheile des defibrinirten Blutes (die Sättigung des
Blutes mit dem Sauerstoff, die Elimination von Coageln, die practische
Bequemlichkeit) sind so unschätzbar, dass seine Anwendung in der ärzt
lichen Praxis, so lange man kein Thierblut, welches das Menschenblut rem-
placiren kann, gefunden hat, unbedingt vorgezogen werden muss. Einer
dieser Vortheile, nämlich die Elimination von Coageln, soll nach *Gesellius* [2])
illusorisch sein; er glaubt, dass Embolien auch durch die Einspritzung des defibrinirten Blutes theils in Folge des Zusammenklebens der Blutkörperchen zu Rollen,
theils in Folge der secundär auftretenden Fibrinbildung, hervorgebracht werden
können. Embolien nach der Transfusion mit defibrinirtem Blute habe ich indessen niemals beobachtet; in den letzten 2 Jahren habe ich jedoch stets die
Vorsichtsmaasregel angewandt das Blut durch zwei dichte Leinwandfilter oder

---

1874, S. 247—248), in ihren Versuchen mit defibrinirtem Blute von derselben Gattung weder Blutungen noch Extravasate beobachtet.

[1]) Die Einspritzung von defibrinirtem Blute mag vorübergehend den Fibringehalt verringern und kann vielleicht die Contractionsfähigkeit des Fibrins
herabsetzen; sie bedingt aber nicht eine langsamere Coagulation des Blutes. Man kann das Blut eines Hundes durch Carotis entleeren, defibri-
niren, und durch V. jugularis wieder einspritzen; man kann diese
Procedure mehreremale wiederholen, ohne dass dadurch eine langsamere
Coagulation herbeigeführt wird; es kann sich sogar ereignen, dass die
Blutprobe vor dem Beginn des Versuchs entnommen sowohl früher zu
gerinnen anfängt und später dieselbe beendigt als die nach dem Versuche
entleerte.

[2]) *Gesellius* „die Transfusion des Blutes" St. Petersburg 1873. S. 110 – 111.
Lesser sagt l. c. S. 172.: „schon *Panum* bemerkt, dass ein grosser Theil
der schweren Zufälle, welche nach der Transfusion zuweilen beobachtet
werden, von Embolien herrühren, die durch eine mangelhafte Filtration
des eingespritzten Blutes verschuldet worden. Dieser Meinung kann ich
nach eigenen Erfahrungen nur beipflichten." Es wäre vom grossen
Interesse gewesen, dass diese Transfusionsversuche mit defibrinirtem Blute
ins Detail angeführt wären, da, meines Wissens, keine derartigen Fälle
beschrieben sind.

durch ein Atlasfilter zu filtriren. Vor beinahe 3 Jahren [1]) habe ich freilich (in Christiania) ein Paar Tage nach einer Transfusion von defibrinirtem
Blute bei einen Hunde eine deutliche Parese der Hinterextremitäten beobachtet, die nach 3 Wochen nicht ganz verschwunden war. Der Wärter, welcher den Hund fortwährend observirte, hat mir aber später mitgetheilt,
dass bereits 4 Wochen nach der Transfusion die Parese vollständig aufgehört hatte. Man könnte hier vielleicht eine Embolie als die Ursach
der Parese annehmen, aber es liegt die Vermuthung doch näher, dass andere
Einflüsse sich hier geltend gemacht haben, etwa starkes Drücken der Hinterfüsse während der Operation, weil der kräftige Hund, besonders im
Anfange der Operation, einen heftigen Widerstand leistete; ein starker
Druck kann, wie ich mehrere Male gesehen habe, lange Zeit hindurch
Schwächung der resp. Extremitäten herbeiführen.

Endlich hat *Mittler* [2]) 3 Punkte hervorgehoben, bezüglich deren das defibrinirte Blut in seinen Wirkungen dem undefibrinirten nachsteht.

1. „Sämmtliche Thiere, welche ich Infusionsproceduren unter den scho-
nendsten Verhältnissen unterzogen habe, sind nicht unbeträchtlich erkrankt,
auch wenn geringere Mengen gleichartigen Blutes eingespritzt wurden.

Dies habe ich in meinen zahlreichen Versuchen, mit Ausnahme des
eben erwähnten Falles und der Versuche, in denen die Blutmenge mehr als
verdoppelt wurde, nicht beobachten können. Wenn in dieser Beziehung ein
Unterschied zwischen der directen und indirecten Transfusion existirt, so ist
dieser sicherlich nur ein ganz geringer.

2. „Bei der Infusion faserstofflosen Blutes ist es noch nöthig vorher
eine entsprechende Depletion vorzunehmen.“

Dies ist nach *Mittler* bei der directen Transfusion von geringerem Belang. Das Unhaltbare dieser Behauptung ist durch meine Versuche völlig
erwiesen.

3. „Ich habe den *Panum*schen Fundamentalversuch wiederholt und mit
ihm übereinstimmend gefunden, dass bei der Einspritzung gequirlten Blutes

[1]) Cfr. *Worm Müller* l. c. S. 645—646.
[2]) *Mittler* „Versuche über Transfusion des Blutes“ in Sitzungsber. d. k. k.
Akad. d. Wissensch. Bd. LVIII. Abth. II. Nov. Heft. Wien 1868.

gleicher Gattung das langsame und successive Einströmen in kleinen Partien eine Hauptbedingung des Erfolges sei."

Wenn die directe Transfusion in dieser Hinsicht auch ein wenig vortheilhafter sein sollte, so hat sie andererseits immerhin den grossen Nachtheil, dass man hier nicht den Blutzulauf reguliren und noch weniger während der Transfusion genau das eingeführte Quantum bestimmen kann; gerade hierin aber liegen die grossen und unschätzbaren Vortheile der indirecten Transfusion.

E. *Der Nutzen des transfundirten Blutes für den Organismus.*

Da die Bedeutungslosigkeit des Fibrins für die Transfusionsfrage unzweifelhaft erwiesen, so ist die directe Transfusion entbehrlich; man kann bei Anämie mit ganz demselben Nutzeffect das defibrinirte Blut anwenden. Der Nutzen ist der Hauptsache nach lediglich durch die *Blutkörperchen* bedingt.

Anm. I. Es kann aus meinen Versuchen mit Sicherheit geschlossen werden, dass die Vermehrung der Zahl der Blutkörperchen in einem bestimmten Verhältnisse zu der eingespritzten Blutmenge resp. ihrem Blutkörperchengehalte steht. Damit scheint aber der einzigste Versuch, (in welchem Zählungen angewandt wurden), der hier ausser den meinigen vorliegt, nämlich der Versuch *Béhier's* [1], nicht übereinzustimmen. *Béhier* vollzog bei einer jungen Frau, die durch Uterinblutung äusserst anämisch geworden, die directe Transfusion von 80 Grm. Menschenblut; trotz dieses geringen Quantums war die Zahl der Blutkörperchen am folgenden Tage auf das Doppelte gestiegen. Diese grosse Zunahme nach der Einspritzung eines so geringen Blutquantums kann nicht von diesem allein herrühren; hat die Zählung *Béhier's* ihre Richtigkeit, so müssen bei der Beurtheilung noch andere Momente in Betracht kommen. Die Transfusion kann natürlich nur eine proportionale Zunahme und nicht mehr bewirken. Es ist dies ein wesentlicher Vortheil dieser Untersuchung, dass ich die Abhängigkeit der Wirkung von der transfundirten Dosis nachgewiesen habe.

Anm. 2. Der Wirkungskreis für die Anwendung der Transfusion ist erweitert, seitdem es festgestellt geworden, dass ein der Transfusion vorhergehender oder gleichzeitiger Aderlass unnöthig ist. *Panum* war in dem

---

[1] *M. Béhier.* Gazette des hôpitaux 1874, No. 31 (referirt im Centralblatt für Chirurgie 1874, No. 23. S. 364).

Glauben befangen, dass die Vermehrung der Blutmenge an und für sich schädlich wäre, und hat deshalb die Nothwendigkeit der Depletion gleichzeitig mit der Transfusion betont [1]): „Da man also wohl niemals Blut transfundiren darf, ohne dass absichtlich oder, wie es gewöhnlich geschieht, unabsichtlich ein wenigstens eben so grosses Quantum des eigenen Blutes entleert wird, so wäre es eigentlich am richtigsten, die in Rede stehende Operation *Substitution des Blutes* zu nennen, anstatt wie bisher nur von der Transfusion zu reden." Auf Grund dieser Anschauung, für welche weder *Panum* noch andere, wie ich in meiner früheren Abhandlung hervorgehoben habe, irgend einen haltbaren experimentellen Beleg geliefert, erschien bei den chronischen Anämien (Chlorose etc.) die Transfusion ohne jegliche Bedeutung; durch einen gleichzeitigen Aderlass würde man den Patienten geschwächt und die Wirkung neutralisirt haben. Durch meine Untersuchungen ist die Unschädlichkeit der Vermehrung der Blutmenge erwiesen; der Aderlass ist also nicht nothwendig. Die neuesten Therapeuten auf diesem Gebiete (z. B. Dr. *Oscar Hasse* in Nordhausen) haben übrigens bei diesen Krankheiten (Phthisis, Chlorose etc.) nicht vor oder gleichzeitig mit der Transfusion Blut entleert und haben keine schädlichen Folgen davon nachweisen können.

Vom transfundirten Blute kann man keinen grösseren Einfluss auf die Ernährung erwarten. Es geht dies aus meinen [2]) Versuchen aufs deutlichste hervor. Die Versuche *Blundell*'s und *Panum*'s mit der Transfusion von undefibrinirtem Blute fielen ganz übereinstimmend aus und zeigen, dass die Defibrination auch in dieser Hinsicht gar keinen Einfluss ausübt. — Allerdings ist der vermehrte Blutkörperchengehalt für die Respiration von grosser Wichtigkeit; allerdings wurde auch die Harnstoffmenge vergrössert, aber der Gewichtsabnahme und der Abmagerung konnte nicht Einhalt ge-

---

[1]) *Panum* in Virchows Archiv, J. 1863. Bd. 27. S. 459.

[2]) *Eulenburg und Landois* („die Transfusion des Blutes" Berlin 1866. S. 17—19) haben ebenfalls einen derartigen Versuch mit defibrinirtem Blute ausgeführt. Es ergab sich „ein immerhin bedeutendes Minus an Gewichtsverlust zu Gunsten derjenigen Zeit, wo durch die Transfusion Verbrennungssubstanze von aussen zugeführt wurden." Aber der Erfolg war auch hier minimal und im Ganzen problematisch.

than werden; die Kräfte und zum Theile auch das Gewicht nahmen eher schneller als langsamer nach der Transfusion ab. Wenn man die geringe Menge von Kohlenhydraten und Fetten, welche das Blut enthält, und die grosse Kohlenstoffmenge, die für die Respiration nöthig ist, ins Auge fasst, ist die grosse Abmagerung und die geringe Bedeutung der Transfusion für die Ernährung nicht schwierig zu verstehen.

F. *Relation zwischen der Vermehrung der Blutkörperchen, dem Fibringehalte und dem festen Rückstande des Serums.*

Es ist *nicht* gelungen mit Hülfe der Blutanalysen und der Zählungen nach der Transfusion ein bestimmtes Verhaltniss zwischen der Vermehrung der Blutkörperchen, der Fibrinmenge und dem festen Serumrückstande nachzuweisen. Allerdings schien in einigen Versuchen der Fibringehalt mit der Vermehrung der Zahl der Blutkörperchen zu steigen, z. B.

in Panums Versuch am 19ten und 21sten November.

	die *Blutkörperchen* (nach Becquerel-Rodier bestimmt) pro Mille.	Fibrin pro Mille.
am 13ten November	97,948	2,886
am 23sten November	198,34	4,08

Dagegen war in *Panums* Versuch am 7ten December keine solche Beziehung zu entdecken.

	die *Blutkörperchen* (nach Becquerel-Rodier bestimmt) pro Mille.	Fibrin pro Mille.
am 29sten November	147,697	1,138
am 7ten December	144,857	1,74
am 12ten December	195,49	1,615

In diesen Versuchen von *Panum* wurde *undefibrinirtes* Blut angewandt; die *meinigen*, in denen *defibrinirtes* Blut angewandt wurde, gaben ebenfalls kein regelmässiges Resultat. Allerdings trat nicht selten eine Steigerung des Fibringehaltes mit dem Blutkörperchenreichthum ein, aber die Ausnahmen sind vielleicht eben so häufig, cfr.

		Die Zahl der Blutkörperchen.	Fibrin pro Mille.
Hund Versuch II.	3 Juli	331	1,5
	11 —	438	4,7
Hund Versuch III.	28 August	291	2,21
	6 September	418,5	3,77
	20 —	250,3	3,82
Hund Versuch V.	28 August	312,5	7,00
	1 September	350,25	4,4

Noch unregelmässiger schien das Verhältniss zwischen dem Blutkörperchenreichthum und dem Serumrückstande zu sein, so dass es nicht der Mühe werth ist die Analysen anzuführen.

§ 8.

II. Die Vermehrung der Blutmenge mittelst der Einspritzung von Blut *anderer* Art oder Gattung. **A.** Transfusionsversuche mit defibrinirtem Blute.

Meine Hauptexperimente sind an Hunden mit Lammblute (Schafblute) ausgeführt. Wir werden auch hier A. indirecte und B. directe Transfusion unterscheiden, und zuerst die Transfusionsversuche mit defibrinirtem Blute (die indirecte Transfusion) betrachten.

Sowohl die Versuchsmethoden als die Versuchsanordnung waren ganz dieselben wie die in den vorigen Versuchen beschriebenen.

Um die Zählungen der Blutkörperchen in richtiger Weise beurtheilen zu können, ist es hier nöthig den Grössenunterschied zwischen den Blutkörperchen des Lammes (Schafes), der Katze, des Hundes und des Kaninchens kurz in's Auge zu fassen.

Der Durchmesser der Blutkörperchen des Lammes (Schafes) ist nach *Prevost* und *Dumas* im Mittel $\frac{1}{431}$ pariser Linie, nach *R. Wagner* $\frac{1}{500}$, bei der Katze dagegen nach *Prevost* und *Dumas* $\frac{1}{387}$, beim Hunde und Kaninchen $\frac{1}{338}$ [1]). Der Unterschied zwischen den Blutkörperchen des Hundes und des Lammes (Schafes) ist also ein erheblicher. Man könnte darnach geneigt sein anzunehmen, dass die kleinen Blutkörperchen des Schafes neben denjenigen des Hundes leicht zu erkennen seien. Dies kann aber nur dann mit einiger Sicherheit geschehen, wenn die Lammblutkörperchen in ziemlich grosser Anzahl vorhanden sind; es findet sich nämlich oft im Hundeblute eine nicht ganz geringe Anzahl von Blutkörperchen, die denen des Lammblutes täuschend ähnlich sind [2]); als Maximum habe ich im Hunde-

---

[1]) Cfr. *R. Wagner* „zur vergleichenden Physiologie des Blutes" Leipzig 1833. S. 5 und S. 31—32.

[2]) Hierauf hat bereits *Panum* aufmerksam gemacht. Er sagt (Virchows Archiv. Bd. 27. Jahrg. 1863. S. 446): „schon die Blutkörperchen vom Hunde einerseits und vom Schafe oder Kalbe andererseits sind, obwohl in ihren Mittelgrössen wesentlich verschieden, nicht immer mit Sicherheit zu erkennen, da im Hundeblute kleinere Blutkörperchen vorkommen, welche von den grössten Exemplaren der Blutkörperchen jener Wiederkäuer an Grösse übertroffen werden." — Nach *C. Schmidt* sind 95—98 pCt. der Blutkörperchen desselben Thieres von gleicher Grösse (cfr. *Gmelin's* „Handbuch der Chemie". Bd. VIII. J. 1858. Zoochemie. S. 113).

blute 11—12 pCt. Blutkörperchen von sehr kleinen Durchmessern getroffen, gewöhnlich betrug die Anzahl ca, 3 pCt. und nicht selten (vielleicht ebenso häufig) ca. 7 pCt. Diese Erfahrungen [1]) können uns einen Anhalt bieten um die Zahl der wirklichen Lammblutkörperchen zu schätzen, die nach den Lammbluttransfusionen im Hundeblute vorkommen.

Trifft man also im Hundeblute nach der Transfusion eine merklich grössere Anzahl von sehr kleinen Blutkörperchen als 11 pCt., so ist die Existenz der Lammblutkörperchen ausser Zweifel, um so mehr als 11 pCt. nur eine Ausnahme ist; verfolgt man ferner beim Hunde nach den Transfusionen die Variationen in der Zahl der kleinen Blutkörperchen, wird man auch hierin einen Anhaltspunkt finden. Uebrigens giebt es Hunde, deren Blutkörperchen sämmtlich so abweichend von den Lammblutkörperchen sind, dass eine Verwechselung nicht stattfinden kann.

Anm. Bei diesen Versuchen werden wir die *Vermehrung der normalen Blutmenge* vom *eingespritzten Blutquantum* unterscheiden; bei den vorigen Versuchen wurde nur die Vermehrung der Blutmenge in Betracht genommen, obwohl wegen des vorhergehenden Aderlasses die Vermehrung der Blutmenge dem eingespritzten Blutquantum nicht ganz entsprach. Bei *diesen* Versuchen dagegen ist eine solche Trennung nöthig, da selbst der geringste Theil des eingespritzten fremden Blutes von merklichem Einfluss ist.

Versuch I.

Die Blutmenge wurde *um 22 pCt.* vermehrt; das eingespritzte Quantum betrug *31 pCt.* der normalen Blutmenge. Die Resultate gehen aus folgender Uebersichtstabelle hervor.

---

[1]) Meine Angaben beziehen sich auf Blut, dem eine Verdünnungsflüssigkeit (5 pCt. Glaubersalzlösung) zugesetzt war; der Verdünnungsgrad war, wie früher erwähnt, $\frac{2}{100}$.

Es wurden 31 pCt. defibrinirten Lammblutes eingespritzt;

1874. Datum.	Körpergewicht in Kilo.	Gewichtsverlust in Kilo.	Gewichtsverlust auf 1 Kilo Körpergewicht in Grm.	Harn in Ccm.	Blut und Eiweiss im Harne.	Die Hundeblutkörperchen in 1 Cubikmillimeter.	Die Zahl der gezählten Hundeblutkörperchen in Mittel.	Die einzelnen Zählungen. I.	II.
21. Juli	5,370					5,849800	265,9	259 250 257 261	281 279 271
	5,450					3,784000	172		
22. Juli	5,050	0,320	63,37	130	Blut im Harn, 7,5 Grm. Eiweiss.	5,236000	238		
23. Juli	4,770	0,280	58,70	98	Blut im Harn, 0,864 Grm. Eiweiss.	5,109500	232,25	234 230	230 235
24. Juli	4,560	0,210	46,05		Der Harn klar, ohne Eiweiss.	5,428500	246,75	260 253	240 234
25. Juli	4,630					5,731000	260,5	281 249 263	242 258 270
26. Juli	4,730					4,997080	227,14	234 235 229 231	224 219 218

I.

die Blutmenge wurde um 22 pCt. vermehrt.

Die Lammblutkörperchen in 1 Cubikmillimeter.	Die Zahl der gezählten Lammblutkörperchen im Mittel.	Die Blutkörperchen, (Hundeblutkörperchen und Lammblutkörperchen) in 1 Cubikmillimeter.	Die Zahl der gezählten Blutkörperchen im Mittel.	Temp. im Rectum.	Nahrung in Grm.	Versuch.	Anmerkungen.
				40° C.			Die Dauer der Transfusion 7 Minuten 10 Secunden.
				37° C.			Diese Zählung geschah 3 Stunden nach der Transfusion.
1,540000	70	5,324000	242				
693000	31,5	5,929000	269,5				
				38,9° C.			
					50 Grm. Fleisch, 25 Ccm. Milch.		
					100 Grm. Fleisch, 300 Ccm. Milch.		
					100 Grm. Fleisch, 20 Grm Brod, 250 Ccm. Milch.		

Inanition.

Transfusion.

Der Hund war gut genährt und hatte unmittelbar vor der Transfusion nicht gehungert.

. Vor der Transfusion Körpergewicht 5,37 Kilo; nach der Wägung wurde eine Blutprobe aus der Vena jugul. genommen; die Dauer der Transfusion 7 Min. 10 Sec.; während der Operation gingen Excremente ab. Das eingespritzte Quantum betrug ca. 130 Ccm. Das Körpergewicht des Hundes (inclusive Excremente) nach der Operation war 5,46 Kilo. Die Differenz 90 Gramm repräsentirt also die Vermehrung der Blutmenge.

Da die normale Blutmenge bei einem Körpergewicht von 5,370 Kilo auf 414 Gramm zu schätzen ist, so repräsentirt das eingespritzte Quantum (130 Ccm.) ca. *31 pCt.* der normalen Blutmenge, und die Vermehrung der Blutmenge (90 Gramm) *22 pCt.* derselben.

1. Während der Operation kein besonderes Unwohlsein; nur Mattigkeit am selben Nachmittage. In den ersten Tagen nach der Operation kein Fieber zu bemerken; keine Blutung aus der Halswunde.

2. Doch aber zeigten sich in den ersten zwei Tagen nach der Operation einige Symptome der dissolutio sanguinis: a) $2\frac{1}{2}$—3 Stunden nach der Operation war humor aqueus bluttingirt; die Röthung verschwand indess bald, am folgenden Tage war humor aqueus wieder farblos; b) der Harn war in den ersten Tagen nach der Transfusion blutig gefärbt; c) die Zählungen der Blutkörperchen in den ersten Tagen nach der Operation zeigten, dass sämmtliche Lammblutkörperchen binnen kurzer Zeit zerstört waren. Die Zählungen verdienen eine specielle Erörterung.

Da die Zahl der Hundeblutkörperchen vor der Operation 265,9 betrug und die Durchschnittszahl im eingespritzten (defibrinirten) Lammblute 550 war, musste man der Wahrscheinlichkeitsberechnung [1] zufolge, wenn gleichförmige Mischung und keine Exsudation stattgefunden hätte, nach der Transfusion eine Steigerung auf 342 (hievon 200 Hundeblutkörperchen und 142 Lammblutkörperchen) erwartet haben. Beim Zurückkehren der Blutmenge zur Norm musste die Anzahl noch mehr steigen, nämlich auf 417 (244 Hundeblutkörperchen, 173 Lammblutkörperchen). Diese Berechnungen trafen nicht zu; drei Stunden nach der Trans-

---

[1] vu kann eigentlich nicht = der normalen Blutmenge gesetzt werden, da Venæsectio vorhergangen ist; sie ist 9–10 pCt. geringer als die normale Blutmenge, also nicht auf 414, sondern auf 380 Gramm zu schätzen.

fusion war die Zahl der Blutkörperchen nur 242 (172 Hundeblutkörperchen, 70 Lammblutkörperchen); insbesondere ist die Zahl der Lammblutkörperchen (70) ·eine auffallend geringe; indessen ist aber diese Zahl zu gross, um daran zweifeln zu können, dass eine nicht unbedeutende Anzahl derselben noch persistirte. Am folgenden Tage dagegen wurden 269,5 Blutkörperchen (238 Hundeblutkörperchen und 32 sehr kleine Blutkörperchen) gezählt. Die Hundeblutkörperchen schienen jetzt ungefähr in derselben Zahl wie vor der Transfusion vorhanden zu sein; hieraus lässt sich selbstverständlich schliessen, dass sie nicht in merklicher Menge destruirt und die Blutmenge bereits ungefähr auf die Norm herabgesunken. Die meisten Lammblutkörperchen aber sind vernichtet worden, denn die Zahl 31 weicht von der Anzahl kleiner Blutkörperchen, die wir in dem defibrinirten Blute dieses Hundes vor der Transfusion fanden, nicht erheblich ab [1]).

Einige Lammblutkörperchen waren indessen vielleicht noch unzerstört, denn erst am dritten Tage hatten unter 232 Blutkörperchen nur ca. 12 die Grösse der Lammblutkörperchen und erst von diesem Tage an war der Harn frei von Eiweiss und Spuren des Blutfarbstoffs. Die Lammblutkörperchen waren-also binnen der ersten 48 Stunden destruirt worden; die Auflösung der Lammblutkörperchen konnte aber auch auf andere Weise mikroskopisch nachgewiesen werden. Das Blut enthielt nämlich in den ersten 2 Tagen eine nicht geringe Zahl von schwach gefärbten (blassen) Blutkörperchen (oder richtiger gesagt von Trümmern) im Wesentlichen von der Grösse der Lammblutkörperchen. Ob Hundeblutkörperchen zerstört worden sind, lässt sich nicht entscheiden. Jedenfalls ist es nach diesem Versuche zu vermuthen, dass die Hundeblutkörperchen dem eingespritzten Lammblute gegenüber eine weit grössere Resistenz besitzen, als die Lammblutkörperchen dem Hundeblute gegenüber.

3. Der tägliche Gewichtsverlust nach der Transfusion war erheblich. Der Harn enthielt in den ersten zwei Tagen nach der Operation eine nicht geringe Menge Hämoglobin (und Eiweiss?); in den ersten 24 Stunden nach

---

[1]) Unmittelbar vor der Transfusion war die Zahl der Blutkörperchen des defibrinirten Blutes von V. jugularis im Mittel 271,67 und von diesen 25—26 von so kleinen Dimensionen, dass sie mit den Lammblutkörperchen verwechselt werden könnten.

der Operation wurden 130 Ccm. Harn entleert; dieser enthielt keine Blutkörperchen. In den darauf folgenden 24 Stunden war der Harn ebenfalls ein wenig blutig gefärbt, enthielt auch jetzt keine Blutkörperchen. Der Eiweissgehalt wurde in der früher angegebenen Weise bestimmt; in den ersten 24 Stunden betrug derselbe 7,504 Gramm, in den darauf folgenden 24 Stunden 0,864 Gramm; die Gesammtmenge des ausgeschiedenen Eiweisses war also nicht gering, nämlich 8,368 Gramm [1]). Am 4ten Tage und späterhin war der Harn nicht mehr blutgefärbt und frei von Eiweiss. Der Hund schien sich jetzt vollkommen erholt zu haben, hatte gute Esslust, das Gewicht nahm zu; am 4ten Tage nach der Operation war dasselbe 4,56 Kilo. am 5ten Tage 4,63 und am 6ten 4,73 Kilo. — Trotzdem dass das Thier späterhin fortwährend anscheinend gesund war, starb es aber doch plötzlich am 15ten Tage nach der Operation.

Bei der *Section* ergab sich Folgendes:

Cav. abdominis. Kein Exsudat in cav. peritonei; peritoneum normal; der Magen von Luft stark ausgedehnt; die Schleimhaut bleich, aber natürlich und ohne Ecchymosen. Die Gedärme bieten nichts abnormes dar; die Peyerschen und die solitären Follikeln etwas pigmentirt; die Oberfläche der Leber natürlich, die Leber nicht geschwollen; die Schnittfläche normal; die Milz nicht vergrössert, von normalem Aussehen und Consistenz; die Mesenterialdrüsen geschwollen. *Die Nierenkapsel ist leicht ablösbar; Corticalis geschwollen, gräulich und trübe; die Marksubstanz bleich.*

Cav. pectoris. Beide *Pleurahöhlen, am meisten die linke, mit einer puriformen, blutgemischten, sehr trüben Flüssigkeit gefüllt; in der linken Pleurahöhle ca. 230 Ccm.*, in der rechten kaum *50 Ccm.* Sowohl pleura pulmonal. et costalis als pericardium injicirt und geschwollen; die Lungen nicht mit dem Brustkasten verwachsen; ihre Oberfläche zum Theile mit fibrinösen Membranen bedeckt. Die Lungen selbst überall lufthaltig; der unterste Lappen der linken Lunge blutüberfüllt, beim Druck lässt sich hier eine weisse trübe Flüssigkeit in reichlicher Menge auspressen. Uebrigens die Schleimhaut der Bronchien und der Trachea normal.

---

[1]) Das Eiweiss war möglicherweise lediglich Zersetzungsproduct des Hämoglobins; ob nebenbei Eiweiss als solches vorhanden war, wurde nicht entschieden.

Kein Exsudat in cav. pericard.; die Innenfläche des Pericardiums und die Oberfläche des Herzens normal; das rechte Herz von natürlicher Dicke mit einer geringen Menge schwarzen Blutes (zum Theile mit weissen, fibrinösen Coageln gemischt) gefüllt. Auch in der linken Herzkammer fibrinöse Coageln, die Klappen gesund.

Das Hauptergebniss der Section war also *blutiges Empyem*. Da nach der Transfusion der Blutfarbstoff sowohl in humor aqu. als in Harn austrat und, wie wir später sehen werden, nicht selten cav. pleuræ nach derartigen Transfusionen bluttingirte Flüssigkeiten enthalten, so ist die Vermuthung nicht ganz unbegründet, dass das Empyem durch die Einspritzung verursacht worden ist.

Dem sei indess, wie ihm wolle, jedenfalls lässt sich aus diesem Versuche mit Sicherheit die Schlussfolgerung ziehen, dass die Einspritzung von 31 pCt. (der normalen Blutmenge) defibrinirten Lammblutes bedenkliche Störungen verursacht.

Versuch II.

Es wurden *38 pCt.* defibrinirten Lammblutes eingespritzt; die Blutmenge wurde um *30,5 pCt.* vermehrt.

Die Dauer der Transfusion beinahe 15 Minuten. Es wurden 256 Ccm. Blut, also *38 pCt.* der normalen Blutmenge, die bei einem Körpergewicht von 8810 Gramm auf 678 Gramm zu schätzen ist, eingespritzt. Während der Operation Erbrechen von weissem Schleim und Abgang von Excrementen (7,5 Gramm), die nicht Blut enthielten. Die Temperatur unmittelbar vor der Transfusion 38,5 ° C. und unmittelbar nachher 38° C. Das Körpergewicht des Hundes vor der Transfusion 8810 Gramm, unmittelbar nachher 9010 Gramm. Wenn die 7 Gramm Excremente hinzugerechnet werden, ist die Differenz also 207 Gramm, d. h. die Blutmenge wurde *um 30,5 pCt.* vermehrt.

Nach dieser Transfusion befand sich das Thier *sehr schlecht;* 15 Minuten nach der Transfusion war *humor aqueus,* insbesondere die untere Partie desselben *bluttingirt, und es zeigte sich starke Capillarblutung auf der ganzen Oberfläche der Wunde.* Um die Blutung zu stillen, wurde die Wunde zuerst tamponirt, späterhin mit Charpie, in Eisenchloridlösung getaucht, verbunden. Aber auch dies hatte keine Wirkung;

6

eine halbe Stunde nachher fortwährend *heftige* Capillarblutungen. Es war nun *blutige Färbung des ganzen humor aqu.* zu beobachten; ca. *15 Ccm. blutgefärbten* Harns wurden entleert. Auch diesmal konnten im Harne keine Blutkörperchen mit absoluter Sicherheit nachgewiesen werden. Am folgenden Morgen (ca. 15 Stunden nach der Operation) fand ich den Hund todt; die Todesstarre bereits gut entwickelt.

Section. Beim Druck auf den Unterleib strömt aus dem Munde eine blutige Flüssigkeit heraus.

Cav. abdominis. Blutiges Exsudat (ca. 20 Ccm) in cav. peritonei. Der Bauchfellüberzug des Magens und der Gedärme stark blutüberfüllt, insbesondere am fundus ventriculi. In der Magenhöhle *30 Ccm. blutige Flüssigkeit;* hie und dort in Submucosa der Gedärme *kleine linsengrosse Ecchymosen.* Pancreas, Leber und Milz normal; dagegen sind *die Nieren stark blutüberfüllt (cyanotisch);* in der Harnblase fast kein Harn.

Cav. pectoris. In jeder Pleurahöhle *ca. 30 Ccm. blutige Flüssigkeit. Unter pleuræ costal., pulmonal, et diaphragmat. viele kleine Ecchymosen. Die Lungen stark überfüllt, insbesondere die unteren Lappen, welche wegen der bedeutenden Congestion nur wenig lufthaltig waren.*

Die Halswunde mit Blut bedeckt; die blutige Infiltration erstreckt sich in die Tiefe zwischen den Halsmuskeln.

Die blutige Färbung des humor aqueus erschien nach dem Tode sehr schwach. Keine Blutkörperchen in demselben.

Die starke Blutung aus der Operationswunde, der blutimbibirte humor aqu.; der blutige Harn, die blutigen Ausscheidungen in cav. peritonei, im Magen, in den cav. pleuræ, die Ecchymosen im subpleuralen Bindegewebe und in der Submucosa der Gedärme geben ein charakterisches Bild der Erscheinungen, welche durch die Lammbluttransfusion hervorgebracht werden. Es geschah diesmal keine Zählung der Blutkörperchen nach der Operation; aber es wurde eine Stunde nach derselben das Blut mikroskopisch untersucht. Distincte, unveränderte *Lammblutkörperchen* konnten mit Sicherheit *nicht* beobachtet werden. Die grösste Zahl derselben ist also binnen ganz kurzer Zeit vernichtet worden.

Es ist merkwürdig, dass die Harnmenge, welche nach der Operation (trotz des grossen eingespritzten Blutquantums) secernirt wurde, eine ganz minimale war, nämlich nur *ca. 15 Ccm.* Den Schlüssel hiezu giebt die

athologische Veränderung der *Nieren;* dieselben waren sehr stark
berfüllt und mit Blutfarbstoff imbibirt.

Versuch III.

Die Blutmenge wurde *um 44 pCt. vermehrt,* das eingespritzte
Juantum betrug 49 pCt. der normalen Blutmenge; die Resultate gehen
us folgender tabellarischen Uebersicht hervor.

Versuch

Es wurden 49 pCt. defibrinirten Lammblutes eingespritzt;

1874. Datum.	Körpergewicht in Kilo.	Gewichtsverlust in Kilo.	Gewichtsverlust auf 1 Kilo Körpergewicht in Gr.	Harn in Ccm.	Harnstoff in Gr.	Blutkörperchen in 1 Cubikmillimeter.	Die Durchschnittszahl der gezählten Blutkörperchen.
17. August	3,970			125	8,7	5,184740	235,67
18. August	3,780	0,190	50,265	42	2,8	5,705260	259,33
19. August	3,670	0,110	29,973	34	2,8	5,815260	264,33
20. August	3,520	0,150	42,614	50	4,3	5,258000	239
21. August	3,420	0,100	29,24	33	2,9	5,274500	239,75
	3,535					4,345000	197,5
22. August	3,320 (starb ungefähr 22 Stunden nach der Transfusion).	0,100	30,12	blutig. 10		3,267000	148,5
						2,662000	121
						2,151600	97,8

III.

die Blutmenge wurde um 44 pCt. vermehrt.

Die einzelnen Zählungen.		Temp. im Rectum.	Nahrung in Gramm.	Versuch.	Anmerkungen.
I.	II.				
242	235				
224	235				
218	230				
260					
259					
259					
272					
262					
259		Inanition.	Transfusion		
241					
237					
239					
229	243	38,3° C.			Die Dauer der Transfusion 10 Minuten.
238	249				
198		37,5° C.			
197					Die Zählungen geschahen unmittelbar vor dem Tode.
155					
142					
120					
123					
120					
98	96				Die Zählungen geschahen unmittelbar nach dem Tode.
102	95				

Die Dauer der Transfusion 10 Minuten. Am Schlusse der Operation wurden ein Paar Ccm. klaren Harns entleert. Es wurden 130 Ccm. Blut, also ungefähr *49 pCt.* der normalen Blutmenge, die bei einem Körpergewicht von 3420 Gr. auf 263 Gr. zu schätzen ist, eingespritzt. Gewicht vor der Operation 3420 Gr., nach derselben 3535 Gr., Differenz 115 Gr., d. h. die Blutmenge wurde um ca. *44 pCt.* vermehrt. Temperatur vor der Operation 38,3º C, nach derselben 37,5º C.

1. In den ersten Stunden nach der Operation liess der Zustand des Thieres keine ernste Befürchtung zu, wennschon eine Stunde nach der Transfusion blutiger Harn (in geringer Menge) entleert wurde. Aber *keine blutige* Ansammlung in humor aqueus und *keine grössere* Blutung aus der Wunde konnten in den ersten 2—3 Stunden nach der Transfusion beobachtet werden. Während der Nacht wurde die Situation im hohen Grade *verschlimmert;* am folgenden Morgen war die Mattigkeit des Thieres sehr gross, die Lippen kalt und die Hinterfüsse steif. Als ich Mittags 12 Uhr sah, dass sein Ende nahe war, nahm ich der Controle halber ca. 15 - 20 Ccm. Blut aus der linken Vena jugularis; 1 Stunde nachher war der Hund todt.

Dieser Versuch ist von den vorhergehenden eigentlich nur dadurch verschieden, dass keine blutige Färbung des humor aqueus zu bemerken war, aber der Hauptsache nach war dieser Fall den übrigen Versuchen vollständig entsprechend. Der Harn war auch hier *blutig* und sparsam; in den 20—22 Stunden, die von der Transfusion bis zum Tode des Thieres vergingen, wurden nur *10 Ccm. blutigen* Harns entleert; die Harnstoffsecretion hatte also in erheblichem Grade abgenommen.

2. Das Schicksal der Blutkörperchen wurde in diesem Falle mit Hülfe der Zählungen, der Färbekraftbestimmungen und der Analysen genau verfolgt.

Vor der Transfusion war die Zahl der Blutkörperchen 240, eine Stunde nachher 198.

Die Zahl der Lammblutkörperchen war im Mittel 674. Trotzdem dass das eingespritzte Lammblut 49 pCt. der normalen Blutmenge des Hundes betrug, war doch die Destruction eine so grosse, dass bereits 1 Stunde nach der Transfusion höchst wahrscheinlich sämmtliche Lammblutkörperchen zerstört waren. Es konnten nämlich keine unveränderten Lammblutkörperchen, sondern nur Trümmer derselben unter dem Mikroskope beobachtet werden.

Die Zahl der Blutkörperchen war, wie eben erwähnt, 1 Stunde nach der Transfusion nur 198. Da sämmtliche Lammblutkörperchen sofort vernichtet wurden, müssen wir bei der Berechnung das eingespritzte Blutquantum nur als eine Verdünnungsflüssigkeit für das Blut betrachten. Da diese Flüssigkeit 49 pCt. der normalen Blutmenge betrug, so kann die Abnahme der Blutkörperchen des Hundes von 240 auf 198 allein durch die Verdünnung des Blutes erklärt werden, um so mehr als die Zahl der Berechnung zufolge, wenn kein Fluidum aus den Blutgefässen herausgetreten wäre, auf ca. 160 herabsinken musste.

Die früheren Erfahrungen haben uns gezeigt, dass die Exsudation im Laufe des ersten Tages nach der Operation am grössten ist. Man würde deshalb am zweiten Tage eine Zunahme der Zahl der Hundeblutkörperchen [1] erwartet haben, vorausgesetzt dass dieselben nach der Transfusion nicht vernichtet worden. · Es war aber diesmal nicht möglich Blut von den Lippen des Hundes zu bekommen; die Lippen waren kalt und blutleer; dagegen wurde Blut der Vena jugular. entnommen und die Blutkörperchen sowohl am Anfange (148,5) als am Schlusse (121) der Blutentnahme gezählt; die Durchschnittszahl war demgemäss 134,25, also eine viel geringere Anzahl als am vorhergehenden Tage unmittelbar nach der Transfusion. Es erscheint demnach kaum zweifelhaft, dass die Blutkörperchen des Hundes auch zum Theile zerstört worden sind, wenn gleich hier immerhin der Einwand gemacht werden kann, dass die Blutungen der genauen Beurtheilung des Schicksals der Hundeblutkörperchen hinderlich sind, weil Hämorrhagien bekanntlich die Zahl der Blutkörperchen im merklichen Grade herabsetzen. Dass eine grosse Destruction der Blutkörperchen stattgefunden, zeigte die Farbe des Blutes aus der Vena jugularis; es war tief lackfarben. Wir werden das Schicksal der Blutkörperchen genauer durch die Blutanalysen und die Färbekraftbestimmungen beleuchten; aber bevor wir hierauf eingehen, wollen wir die Sectionsergebnisse beschreiben.

Die *Section* wurde ½ Stunde nach dem Tode ausgeführt, keine Todesstarre.

Cav. pectoris. In cav. pleuræ und cav. pericardii kein Exsudat; das Herz normal.

---

[1] d. h. Zurückkehren zu der Zahl vor der Transfusion.

Sowohl in den oberen als in den unteren Lappen der Lungen beträchtliche Blutinfiltrationen, in Folge welcher die Oberfläche sich ein wenig erhaben zeigte und ein dunkles Aussehen bekam. Durch *Einschnitte in diese Partien' zeigt sich das Gewebe stark blutüberfüllt, es ist zwar lufthaltig, aber in viel geringerem Grade als gewöhnlich.* Die Bronchien und Trachea gesund, keine Tromben in den Lungengefässen.

Cav. abdominis enthält kein Exsudat, Die Oberfläche des Mesenteriums und der Gedärme ein wenig blutimbibirt. Die Leber von natürlicher Grösse und Form, die Schnittfläche gesund; die Gallenblase mit einer reichlichen Menge natürlich gefärbter Galle gefüllt, welche mit Leichtigkeit aus dem Ductus choledochus sich herausdrücken lässt. Im Magen keine blutige Ausscheidung, die Magenschleimhaut gesund, die Darmschleimhaut überall etwas *blutimbibirt.* Pancreas und Milz normal. *Die Nierenkapsel dunkel gefärbt, ablösbar, doch nicht ganz ohne Schwierigkeit. Sowohl Corticalis als die Marksubstanz der Nieren im höchsten Grade venös-hyperämisch, insbesondere Corticalis auffallend geschwollen.* Die Ureteren normal, die Harnblase von natürlicher Grösse, ihre Schleimhaut gesund, sie enthält 10 Ccm. klaren, mit äusserst wenig Blutfarbstoff gemischten Fluidums, welches keine Blutkörperchen enthielt.

An der Operationsstelle eine sehr bedeutende Blutansammlung theils von coagulirtem theils von flüssigem Blute, diese Geschwulst ist von der Grösse eines Hühnereies. Die operirte Vene wurde an den Ligaturstellen untersucht, sie war gut unterbunden.

Unter den Nackenmuskeln (splenii) ein kleines Blutextravasat von der Grösse und Dicke eines Thalers.

Die Sectionsresultate sind also in diesem Falle insofern verschieden, als hier kein Exsudat in cav. pleuræ, cav. peritonei und cav. pericardii gefunden wurde, sie waren aber doch im Wesentlichen dieselben. *Starke, blutige Infiltrationen an der Operationswunde, starke Nierencongestion, blutiger Harn, Blutextravasat unter den Nackenmuskeln und Blutinfiltration in den Lungen.*

Wir wollen hier wiederum bei der Destruction der Blutkörperchen in diesem Versuche einige Zeit verweilen. Die Resultate der Blutzählungen, der Blutanalysen und der Färbekraftbestimmungen sind im nicht geringen Grade instructiv und lehrreich.

Wie früher erwähnt, hatte die Zahl der Blutkörperchen am anderen Tage erheblich abgenommen. Es könnte unwahrscheinlich vorkommen, dass die Trümmer der Blutkörperchen (der Blutfarbstoff etc.) in dieser kurzen Zeit aus den Gefässen herausgetreten seien, um so mehr als diese Trümmer ca. 1 Stunde nach der Transfusion im Gefässsysteme sich mikroskopisch in zahlreicher Menge nachweisen liessen. ·Ein so schnelles Heraustreten hat aber wirklich stattgefunden, denn nicht allein die Blutkörperchen sondern sowohl die Färbekraft als das Residuum des Blutes waren am anderen Tage viel geringer als vor der Transfusion. Cfr. folgende Tabelle.

	Blut unmittelbar vor der Transfusion entleert.	Blut unmittelbar vor dem Tode entleert.	Blut unmittelbar nach dem Tode entleert.
Die Zahl der Blutkörperchen	239,75	134,25	97,8
Zur Erzielung einer gleichen Färbung gleicher Wassermengen verbrauchte Blutquanta in Gr.	0,294	0,498	0,53
Fester Rückstand in 1000 Th. Serum .	85,8	114	
Specifisches Gewicht des defibrinirten Blutes	1,056	1,043	1,045
Fester Rückstand in 1000 Th. defibrinirtes Blut	194,6	145,9	154,4
Differenz der festen Rückstände in 1000 Theilen Serum und 1000 Theilen defibrinirtes Blut.	109,3	31,9	
Fibrin pro Mille . . . ./.	5,0	5,4	
Das Verhältniss der Blutkörperchenmenge aus den Zählungen berechnet	100	56	40,79
Das Verhältniss der Blutkörperchenmenge aus den Färbekraftbestimmungen berechnet	100	59	55,47
Das Verhältniss der festen Rückstände des defibrinirten Blutes	100	74,97	79,34
Das Verhältniss der Differenzen zwischen den festen Rückständen des Serums und des Blutes	100	29,2	

In dieser Tabelle ist das Verhalten des Blutes 1) vor der Transfusion, 2) unmittelbar vor und 3) unmittelbar nach dem Tode des Thieres dargestellt. Bei der Section wurde nämlich das im rechten Herzen und in den Hohlvenen angesammelte Blut zur Analyse verwendet.

Wie ersichtlich, stimmt die nach den Zählungen und der Färbekraft berechnete Blutkörperchenmenge einigermaassen überein; die Verhältnisse zwischen den Rückständen des defibrinirten Blutes und zwischen den specifischen Gewichten weichen aber insofern ab, als die Abnahme derselben nach der Transfusion viel geringer ist [1]). Hieraus lässt sich schliessen, dass der Blutfarbstoff zuerst eliminirt worden, dass aber muthmaasslich einige andere feste Bestandtheile der Blutkörperchen zurückgeblieben.

Dass der Fibringehalt für den schädlichen Einfluss des Lammblutes von keinem wesentlichen Belang ist, zeigt dieser Versuch. Der Fibringehalt unmittelbar vor der Transfusion und derjenige unmittelbar vor dem Tode des Thieres waren einander ungefähr gleich (ca. 5 pro mille).

Nach diesen Versuchen erschienen weitere Versuche mit defibrinirtem Lammblute nicht erforderlich. Die gefundenen Thatsachen, die vollkommen mit den von den früheren Forschern, insbesondere Herrn Professor *Panum*, gemachten Beobachtungen übereinstimmen, sind schlagend genug.

Es wäre vielleicht der Controle halber nicht ganz überflüssig gewesen geringere Blutmengen zu transfundiren, da in ärztlicher Praxis (bei Transfusion ohne Depletion) nur von einer Vermehrung der Blutmenge um höchstens 10 pCt. die Rede sein kann. Da aber auch in dem Versuche *Panum*'s, in welchem 10 pCt. defibrinirten Kalbsblutes eingespritzt wurden, Mattigkeit und Zeichen der Dissolutio sanguinis auftraten [2]), sehe ich

---

[1]) Das Verhältniss der Differenzen zwischen den festen Rückständen des Blutes und des Serums (100: 29,2) giebt hier einen ganz falschen Ausdruck für das Verhältniss der Blutkörperchenmenge; diese grosse Abweichung rührt wesentlich davon her, dass das unmittelbar vor dem Tode entzogene Blut ein blutgemischtes Serum mit einem verhältnissmässig sehr grossen Residuum ausschied.

[2]) „Einem gesunden 7800 Gramme schweren Hunde wurden 100 Ccm. Blut aus der Jugularvene entzogen und dafür 64 Ccm. so eben entleertes, noch warmes defibrinirtes Kalbsblut injicirt. Die Injection wurde langsam ausgeführt, und es traten bei derselben keinerlei bemerkenswerthe Symptome auf. Danach war aber eine grosse Niedergeschlagenheit und Appetitlosigkeit des sonst munteren und gefrässigen Thieres auffallend. Ueberdies stellte sich eine sehr hartnäckige und schwer zu stillende *Nachblutung* aus den kleinen Hautgefässen der Halswunde ein, welche sonst nach einer solchen Operation, auch bei fast ganz defibrinirten Thieren, niemals zu bluten

derartige Versuche als nicht nöthig an. Sie würden nur die Thatsache constatirt haben können, dass die Störungen um so geringer sind, und dass das Thier um so leichter die Operation überleben kann, je geringer die transfundirte Blutmenge ist.

Bevor ich diese Versuche abschloss, hielt ich es der Mühe werth *den gegenseitigen Einfluss* des Hunde- und des Lammblutes *genauer* festzustellen. Zu dem Ende stellte ich einen Versuch (Versuch IV) in der Weise an, dass das Thier unmittelbar nach der Transfusion ungefähr dasselbe Quantum Hunde- als Lammblut haben musste. Man konnte also hier leichter beurtheilen, welche von diesen Blutkörperchen dem anderen Blute gegenüber die grösste Resistenz besassen.

Versuch IV.

Defibrinirtes Lammblut *(48 pCt.)* nach vorhergehender Depletion eingespritzt.

Der Versuch wurde mit einem kräftig gebauten, männlichen Hunde (Gewicht 17,550 Kilo) in folgender Weise ausgeführt:

Aus der linken Arteria femoralis wurden ca. 850 Ccm. Blut, also 63 pCt. der normalen Blutmenge, die bei einem Körpergewicht von 17,550 Kilo auf 1351 Gramm zu schätzen ist, entleert. Unmittelbar danach wurden 650 Ccm. Lammblut eingespritzt, also 48 pCt. der normalen Blutmenge. Die Einspritzung dauerte 40 Minuten. Da 37 pCt. des ursprünglichen Blutes zurückgeblieben und 48 pCt. Lammblut eingespritzt

pflegen. Er entleerte überdies einen *stark blutig gefärbten Harn*, der auch noch erhaltene Blutkörperchen, nebst vielem Eiweiss enthielt und stark alkalisch reagirte. Diese Beschaffenheit des Harns erhielt sich am folgenden Tage unverändert, nur dass Blutkörperchen nicht mehr mit Sicherheit in demselben aufzufinden waren. Im Laufe von 4 Tagen nach der Injection des gequirlten Kalbsblutes wurde der Harn nach und nach heller und weniger eiweisshaltig, bis er am Ende des 4ten Tages seine normale Beschaffenheit wieder angenommen hatte. Dabei verlor sich die blutige Färbung früher als der Eiweissgehalt. In demselben Verhältnisse, als der Harn wieder normaler wurde, kehrte auch der Appetit und die frühere Munterkeit zurück. - Am 5ten Tage schien er bis auf eine ziemlich bedeutende Abmagerung wieder hergestellt zu sein; er hatte bei dem Versuche 750 Gramme an Gewicht verloren." *(Panum* in Virchows Archiv Bd. 27. S. 448. J. 1863).

worden, darf man jedenfalls annehmen, dass das Lammblut wenigstens in gleicher Menge vorhanden war.

1. Bereits *während* der Transfusion trat *Blutung* aus *der Wunde ein;* unmittelbar nach derselben hatte der Hund starken *Nisus mingendi,* entleerte *blutigen Harn* und zitterte vor *Frost.* — Am folgenden Morgen $7\frac{1}{2}$ Uhr ($12\frac{1}{2}$ Stunden nach der Operation) war der Hund eben gestorben; er war noch warm; keine Todesstarre.

2. Die Aufmerksamkeit wurde hier wesentlich auf *die Zählung der Blutkörperchen* hingelenkt. Unmittelbar vor der Transfusion war die Zahl der Blutkörperchen 368, unmittelbar nach der Transfusion war ihre Zahl 307; von diesen 307 Körperchen konnten *154* als Lammblutkörperchen und *146* als Hundeblutkörperchen unterschieden werden. Nach der Wahrscheinlichkeitsberechnung sollte man doch wenigstens 300 Lammblutkörperchen [1]) und ca. 140 Hundeblutkörperchen, selbst wenn kein Blutplasma herausgetreten wäre, erwartet haben. Da nach der Transfusion nur 154 Lammblutkörperchen gezählt wurden, ist damit bis zur Evidenz nachgewiesen, dass die Lammblutkörperchen viel leichter destruirbar sind [2]).

Es hatten sich während der Nacht ca. 350 Ccm. Blut und blutiger Harn im Harnglase gesammelt. Der Harn war aber in verhältnissmässig geringer Menge vorhanden, das meiste war Blut. Die Harnstoffmenge betrug höchstens *3,7 Gramm,* also ein im Verhältniss zum Gewichte und zur Nahrung des Thieres sehr geringes Quantum. Man würde in diesem Falle eine ziemlich grosse Harnstoffmenge erwartet haben, weil das Thier nicht vor der Transfusion gefastet, sondern sogar ca. 5 Stunden vor derselben reichliche Nahrung bekommen hatte, und es nicht unmittelbar sondern beinahe $1\frac{1}{2}$ Stunden vor der Transfusion katheterisirt wurde.

---

[1]) Allerdings wurden diesmal die Blutkörperchen im eingespritzten Lammblute nicht gezählt; ihre Zahl ist aber meinen anderweitigen Erfahrungen zufolge wenigstens auf 530 zu schätzen.

[2]) Es wäre von Interesse gewesen, Hundeblut beim Schafe zu transfundiren und unter diesen Umständen das Schicksal der Blutkörperchen beider Gattungen zu verfolgen, aber die Verhältnisse sind hier dadurch complicirt, dass die Hundeblutkörperchen viel grösser sind als die Schafblutkörperchen und somit im Gefässsysteme des Schafes leicht ein mechanisches Hinderniss für die freie Circulation bilden könnten.

Das Blut, welches unmittelbar nach dem Tode untersucht wurde, enthielt (cfr. die Section) eine äusserst geringe Zahl von Lammblutkörperchen, dagegen war die Zahl der Hundeblutkörperchen nicht von der am vorigen Tage nach der Transfusion gefundenen Zahl sehr verschieden. Die Lammblutkörperchen wurden also vorzugsweise und sehr rapid destruirt; es ist aber durch die mikroskopische Untersuchung, welche bei der Section angestellt wurde, festgestellt, dass auch Hundeblutkörperchen, obwohl in sehr geringer Anzahl, zerstört waren.

Die Section wurde unmittelbar nach dem Tode des Thieres ausgeführt. In der *Operationswunde* am linken Oberschenkel eine *hühnereigrosse Blutansammlung;* sie enthielt ein Blutcoagel von der Grösse einer Wallnuss und ca. 20 Ccm. flüssiges Blut. Die Blutkörperchen in diesem Blute wurden gezählt; ihre Zahl war 150, von diesen konnten *122—123 als Hundeblutkörperchen und 25—26 als Lammblutkörperchen unterschieden werden;* ausserdem wurde bei der mikroskopischen Untersuchung eine grössere Zahl fast farbloser Körperchen, z. Th. mit verwischten Contouren, von der Grösse der Lammblutkörperchen beobachtet. *Hie und da im Gesichtsfelde waren* (neben den unversehrten Körperchen) *einzelne (freilich sehr spärliche) Hundeblutkörperchen, welche ihren Farbstoff völlig verloren hatten, sichtbar.*

Ausser diesem begrenzten Theile des Extravasats sämmtliche Muskeln auf der Innenseite des Oberschenkels blutimbibirt. Die geöffneten Arterien und Venen sind oberhalb und unterhalb der Operationsöffungen solid unterbunden.

Cav. abdominis. Kein Exsudat in cav. peritonei. Die Gedärme von röthlicher Farbe; Omentum nicht injicirt. Im Magen eine nicht geringe Menge graulicher, breiiger Masse; auf der Dünndarmschleimhaut *ein blutgemischter Beleg* (halb verdautes Blut), welcher sich leicht abschaben lässt; im Blinddarm (proc. vermiformis?) ein *frisches, reichliches Extravasat von flüssigem Blute,* in welchem Blutkörperchen bei mikroskopischer Untersuchung beobachtet wurden; unter der Schleimhaut mehrere *Ecchymosen.* Im *Anfange des Dickdarm eine ähnliche, frische Blutung* (das Blut war hellroth), im ganzen Dickdarm *viele Ecchymosen,* welche in Zahl und Ausdehnung gegen den Mastdarm hin zunahmen. *An der Oberfläche der Leber (unter dem Peritonäalüberzuge) mehrere punktförmige Ecchymosen.* Die Gallenblase enthält schwarzbraune Galle, die mit Leichtigkeit aus dem Ductus choledochus sich herausdrücken lässt. Pancreas gesund; die Milz ziemlich blutüberfüllt. Die Nieren von natürlicher Grösse und Form; *das Gewebe überall dunkelgefärbt und namentlich die Corticalsubstanz etwas geschwollen.*

Cav. pectoris. Kein Exsudat in den Pleurahöhlen. Pleurae costales & pulmonales natürlich; im mittleren Lappen der rechten Lunge eine kleine haselnussgrosse Partie, welche sehr stark *blutinfiltrirt* ist, aber doch etwas Luft enthält. Aehnliche, aber viel kleinere Partien sind in den übrigen Lungenlappen zerstreut. Das Herz von natürlicher Grösse und Form; Pericardium gesund, im rechten Herzen einige Blutcoageln und unter *dem Endocardium desselben ziemlich verbreitete Ecchymosen.* Im linken Herzen ähnliche *Ecchymosen* unter dem ganzen Endocardium verbreitet. — Trachea und die grossen Bronchien gesund.

Auch aus diesem Versuche geht die grosse Neigung zur Blutung nach der Einspritzung von defibrinirtem Lammblute hervor. Dieselbe erfolgt also ohne Rücksicht auf die Blutmenge; die Hämophilie ist immer da, sei die Blutmenge vermehrt oder nicht.

Anmerkung I. Einige Versuche mit defibrinirtem Lammblute bei *Kaninchen* fielen sehr ungünstig aus.

Versuch I. Die Blutmenge wurde um *10 pCt.* vermehrt.

Körpergewicht des Kaninchens 1,805 Kilo. Es wurden durch die linke Vena jugularis ca. 10 Ccm. unmittelbar vorher entleertes und gequirltes Lammblut, also 10 pCt. der normalen Blutmenge des Kaninchens, die bei dem Körpergewicht von 1,805 Kilo auf 99 bis 100 Gramm zu schätzen ist, eingespritzt. Das Kaninchen hatte in der ersten Stunde nach der Transfusion Dyspnoe, war aber am Nachmittag desselben Tages und die folgenden Tage *gesund.*

Versuch II. Die Blutmenge um *26 pCt.* vermehrt.

Körpergewicht des Kaninchens 1,45 Kilo. Es wurden langsam (im Laufe von 3 Minuten) 21 Ccm. unmittelbar vorher entleertes und gequirltes Lammblut eingespritzt; also wurde die Blutmenge, die bei dem Körpergewicht von 1,45 Kilo auf 79,8 Gramm zu schätzen ist, um 26 pCt. vermehrt. Das Kaninchen bekam am Schlusse der Transfusion *Convulsionen* und *starb 1 bis 2 Minuten* nach der Injection.

Die Section wurde unmittelbar nach dem Tode des Thieres vorgenommen. Die Gefässe des Unterleibs *venös überfüllt,* insbesondere *die Leber* und die Schleimhaut des Magens.

In der Brusthöhle die grossen Venen *strotzend gefüllt;* starke Ueberfüllung des rechten Herzens. — Venæ subclaviæ stark ausgedehnt.

Nirgendwo im Gefässsysteme Luftblasen, Tromben oder verbreitete Coagulationen.

In den folgenden Versuchen (Versuch III und Versuch IV) hatte das Lammblut 14 bis 15 Stunden vor der Transfusion an einem kalten Orte (in einem Gefässe von Eis umgeben) gestanden.

Versuch III. Die Blutmenge wurde um *26 pCt.* vermehrt.

Körpergewicht des Kaninchens 1,4 Kilo; 20 Ccm. wurden langsam im Laufe von 4 Minuten eingespritzt, also die Blutmenge, die bei einem Körpergewicht von 1,4 Kilo auf 77 Gramm zu schätzen ist, um 26 pCt. vermehrt. Am Schlusse der Transfusion bekam das Kaninchen *Convulsionen;* nach der Transfusion war das Kaninchen in den Hinterfüssen gelähmt, zappelte mit den Vorderfüssen und fiel nach *1 bis 2 Minuten todt* auf die linke Seite herum. — Die Section wie im Versuch II; nirgendwo Luftblasen.

Versuch IV. Die Blutmenge um *37 pCt.* vermehrt.

Körpergewicht des Kaninchens 1,65 Kilo; es wurden im Laufe von 4 bis 5 Minuten 34 Ccm. defibrinirten Lammblutes durch die linke Vena jugularis transfundirt: am Schlusse der Transfusion bekam das Thier Convulsionen und war *todt,* als die Transfusion zu Ende gebracht wurde.

Section wie in Versuch II und III.

Die Phänomene waren also hier rapider als bei der Lammbluttransfusion beim Hunde; 10 pCt. brachten keine erheblichen Störungen sondern nur vorübergehende Dyspnoe des Kaninchens hervor; die Vermehrung der Blutmenge um ca. 26 pCt. dagegen führte fast momentan den Tod herbei; die Todesursache ist räthselhaft. Da die Blutkörperchen des Schafes kleiner als die des Kaninchens sind, kann in dieser Hinsicht von mechanischem Hindernisse nicht die Rede sein; nach *Landois* werden die Blutkörperchen des Kaninchens im Blutserum anderer Gattung mit der grössten Leichtigkeit aufgelöst; hierüber gaben indessen diese Versuche keine Aufschlüsse; in den Gefässen waren keine verbreiteten Coagulationen zu entdecken

Diese Versuche sind jedenfalls hinreichend um zu zeigen, mit welcher Gefahr die Anwendung der Lammbluttransfusion bei diesen Thieren verbunden ist.

Anmerkung II. Es wurden ein Paar Versuche mit *Einspritzungen von Katzenblut bei Hunden ausgeführt.* Die Katzenblutkörperchen sind ungefähr so gross oder vielleicht ein wenig kleiner als die Hundeblutkörperchen [1], so dass auch hier von mechanischem Hindernisse keine Rede sein kann.

Versuch I. Die Blutmenge wurde um *44 pCt.* vermehrt.

In die Vena jugularis eines kleines Hundes (ca. 4 Wochen alt) wurden 20 Ccm. körperwarmen, defibrinirten Katzenblutes im Laufe von 4 Minuten transfundirt, d. h. die Blutmenge, die bei einem Körpergewicht von 588 Gr.

---

[1]) Nach *Welcker* („Zeitschrift für rationelle Medicin“, dritte Reihe, Bd. XX. J. 1863. S. 279) ist der Durchmesser der Blutkörperchen des Hundes (im Mittel) 0,0073 Mm., der Katze 0,0065 Mm.

auf 45 Gr. zu schätzen ist, wurde um 44 pCt. vermehrt; am Schlusse der Transfusion *starke Dyspnoe* aber keine Convulsionen; der Hund starb unmittelbar nach der Transfusion.

Die Section. Cav. abdom. Kein Exsudat in cav. peritonei; nirgendwo Ueberfüllung zu bemerken.

Cav. pectoris. Kein Exsudat in den Pleurahöhlen und in cav. pericardii; *das rechte Herz stark ausgedehnt;* in der rechten Herzkammer und Vorkammer geronnenes Blut, das linke Herz leer; die Lungen diffus injicirt, nirgendwo grössere Blutextravasate in denselben zu bemerken.

Vor der Transfusion war *die Zahl der Blutkörperchen 181;* die Zahl der Katzenblutkörperchen im eingespritzten Katzenblute war im Mittel 382; man sollte der Wahrscheinlichkeitsberechnung zufolge unmittelbar nach der Transfusion 211 Blutkörperchen erwartet haben; anstatt dessen bekam ich unmittelbar nach dem Tode des Thieres *die Zahl 215.* Der Tod kann demgemäss *nicht* durch die schnelle Destruction der Blutkörperchen bedingt sein.

Versuch II. Die Blutmenge wurde um *33 pCt.* vermehrt.

Dieser Versuch wurde an demselben Hunde, an dem ich Versuch IV und V mit defibrinirtem Hundeblute (cfr. Seite 29) anstellte, ausgeführt. Das Körpergewicht des Hundes 3390 Gr.; es wurden im Laufe von 6 Minuten 88 Ccm. Blut eingespritzt, d. h. die Blutmenge, die bei dem Körpergewichte von 3390 Gr. auf 260 Gr. zu schätzen ist, wurde beinahe um 33 pCt. vermehrt.

Während der Transfusion war der Hund sehr unruhig, er schrie und jammerte; unmittelbar nach der Transfusion starke Dyspnoe, der Hund fiel um; *4 Minuten nach* der Transfusion war der Hund *gestorben.*

Section. Diese Section wurde, wie gewöhnlich, unmittelbar nach dem Tode des Thieres vorgenommen.

Cav. pectoris. Kein Exsudat weder in den Pleurahöhlen noch in cav. pericardii.

Das rechte Herz bedeutend ausgedehnt; in der rechten Herzkammer und Vorkammer eine *sehr grosse Menge* flüssigen Blutes. Die Lungen überall lufthaltig; unter dem Pleuraüberzuge der Lungen kleine punktförmige Ecchymosen; die Oberfläche derselben im Ganzen ein wenig diffus injicirt; durch den Einschnitt in die Lungen fliesst *dunkel gefärbtes Blut* in nicht ganz geringer Menge heraus.

Cav. abdom. Die Leber stark *dunkel gefärbt;* durch Einschnitt fliesst *sehr viel Blut* heraus; in der Gallenblase normale Galle; die Nieren nicht auffallend injicirt; Peritoneum ziemlich stark injicirt; übrigens nichts abnormes zu bemerken.

Es sind die Versuche genügend, um zu zeigen, dass selbst das Blut einer mehr verwandten Gattung (Katze) vom Hunde auch nicht ertragen wurde.

§ 9.

B. *Die Vermehrung der Blutmenge mit Hülfe directer Transfusion von Blut anderer Art oder Gattung.*

Die directe Transfusion geschah, wie gewöhnlich, von Art. carotis zu Vena jugularis nach den Regeln, die bereits seit mehr als 200 Jahren von *Lower* [1] und von *Denis* in seinem Briefe an Dr. *Soribiere* [2] angegeben sind.

Versuch I.

Es wurden 16,4 pCt. (der normalen Blutmenge) Lammblut transfundirt: die Blutmenge wurde um ca. 10 pCt. vermehrt; die Resultate gehen aus folgender tabellarischen Uebersicht hervor.

---

[1] *Paul Scheel* „Die Transfusion des Blutes" u. s. w. Copenhagen 1802. S. 51—53.

[2] *Paul Scheel,* l. c. S. 95—97. Denis empfiehlt hier in diesem Briefe meines Wissens zum ersten Male die einzige zuverlässige Bestimmungsmethode des eingespritzten Blutquantums: nämlich die Wägung der Thiere vor und nach der Transfusion.

Versuch I mit directer Transfusion; (die Blutmenge um ca. 10 pCt. vermehrt; es wurden 16 pCt. überführt).

Datum. 1874.	Körpergewicht in Gramm.	Gewichtsverlust in Kilo	Gewichtsverlust auf 1 Kilo Körpergewicht in Gramm.	Harn in Ccm.	Blutkörperchen in 1 Cubikmillimeter.	Die Zahl der gezählten Blutkörperchen im Mittel.	Die einzelnen Zählungen. I	II	Temp. im Rectum.	Nahrung in Gr.	Versuch.
25. Septbr.	3,480				6,094000	277	298 281	296 263 269	38° C.	Inanition.	
26. Septbr.	3,320			88	6,632000	301	311 312 310	296 291 298	38,3° C.		
	3,362				5,918000	269	261 289 237	272 998 989			Transfusion.
27. Septbr.	3,273	0,048	14,67	145	6,314000	287	296 289 287		39,5° C.		
28. Septbr.	3,080	0,192	62,57		6,153400	279,7	298 275 271		38,6° C.	150 Ccm. Milch; ein wenig Brod.	
29. Septbr.											

Die linke Art. carotis des Lammes (Schafes) wurde mit der rechten Vena jugularis des Hundes in Verbindung gebracht; die Dauer der Transfusion 1¼ Minute; es wurde aber nun mit der Transfusion aufgehört, weil der Hund *starke Dyspnoe* bekam und gewaltsam zu schreien anfing. Vor der Transfusion Körpergewicht 3,32 Kilo, nach derselben 3,35 Kilo. Unmittelbar danach wurde die Transfusion wiederum vorgenommen, Dauer ca. ½ Minute; Körpergewicht les Hundes nach derselben 3,362 Kilo, es waren also im Ganzen 42 Gr. Blut eingespritzt, das heisst *16,4 pCt.* der normalen Blutmenge, die bei einem Körpergewicht von 3,32 Kilo auf 256 Gr. zu schätzen ist. Da ein Aderlass[1]) von ca. 15—20 Ccm. vorhergegangen war, ist die Blutmenge nur um 22—27 Gr., also nur um *9—11 pCt.* vermehrt worden. Unmittelbar vor der Transfusion war die Temperatur 38º C., unmittelbar nachher 38,3º C.

1. Der Hund war am ersten Tage ein wenig matt, entleerte blutigen Harn, zitterte, hatte am folgenden Tage *Fieber,* indem die Temperatur auf 39,5º C. stieg. Am dritten Tage war die Temperatur 38,6º C.

Die Wunde hatte in den ersten Stunden nach der Operation eine stark *blutrothe* Farbe. Es war überall an der Oberfläche derselben Andeutung von *capillarer Blutung;* eigentliche Blutung trat aber nicht ein. Das am ersten Tage nach der Operation aus der Wunde ausgeflossene Blut mag höchstens 2 Ccm. betragen. Am anderen Tage hatte die Wunde fortwährend ein blutrothes Aussehen und auch an diesem Tage zeigten sich Spuren von Blutung. Am dritten Tage war die Wunde bereits in Eiterung begriffen; ein bräunliches, purulentes Fluidum floss in reichlicher Menge aus derselben heraus; der Hund war nun sehr matt, die Lippen kalt und blutarm. Er bekam jetzt Nahrung (Milch, Brod und Fleisch) und war nach einigen Tagen vollständig restituirt.

2. Wir haben in diesem Falle im Wesentlichen dieselben Erscheinungen, wie in den Versuchen mit defibrinirtem Lammblute, nämlich *blutigen Harn* und *capillare Blutung* (obwohl schwach) aus der Wunde, also Symptome der Dissolutio sanguinis. Freilich war die Blutung aus der Wunde sehr sparsam, aber die eingespritzte Menge war auch hier erheblich geringer als in den Versuchen mit defibrinirtem Lammblute, in denen das eingespritzte Quantum wenigstens 30 pCt. der normalen Blutmenge betrug. Dagegen war hier ein anderes Phänomen bemerkbar, welches ich in meinen Versuchen mit defibrinirtem Blute nur im geringeren Grade observirt hatte, nämlich die *Temperatursteigerung.* In diesem Versuche stieg die Temperatur auf beinahe 40º C.

3. Was das Schicksal der Blutkörperchen betrifft, so zeigen die Zählungen, dass die Lammblutkörperchen bereits eine Stunde nach der

---

[1]) In den Versuchen mit directer Transfusion wurden die Thiere unmittelbar nach dem Aderlasse gewogen.

Transfusion zerstört waren. Von den 269 Blutkörperchen, die unmittelbar nach der Operation gezählt wurden, waren im Durchschnitte nur 18—19 Körperchen, die ungefähr die Grösse der Lammblutkörperchen hatten. Am folgenden Tage war die Zahl 287, von diesen 20 kleine, das heisst: eine so geringe Zahl, dass höchst wahrscheinlich alle Lammblutkörperchen unmittelbar nach der Operation vernichtet waren; dagegen scheint es, als ob die Hundeblutkörperchen nicht influirt worden sind. Wenn eine gewisse Zahl von Hundeblutkörperchen wirklich zerstört sein sollte, so ist dieselbe jedenfalls so gering, dass der Unterschied mit Hülfe der jetzigen Untersuchungsmethoden nicht nachweisbar ist.

Versuch II.

In diesem Versuche wurden 29 *pCt.* Lammblut transfundirt; die Vermehrung der Blutmenge betrug 26 *pCt.*

Versuch II mit directer Transfusion; (es wurden 29 pCt. überführt; die Blutmenge wurde um 26 pCt. vermehrt).

Datum.	Körpergewicht in Kilo.	Gewichtsverlust in Kilo.	Harn in Ccm.	Blutkörperchen in 1 Cubikmillimeter.	Die Zahl der gezählten Blutkörperchen im Mittel.	I.	II.	Temp. im Rectum.	Nahrung in Gr.	Versuch.
21. Septbr.	8,790		196	6,446000	293	298 308	288 278	35,5° C.		
22. Septbr.	8,420	0,370		6,750/260	306,83	291 314 302	325 306 303			
23. Septbr.	8,190					311 305 317	321 303 301			
24 Septbr.	8,190	0,230	190	6,820000	310					
25. Septbr.				6,892600	313,3	329 307 304	321 303 301			
26. Sept.	7,990					236 239			Inanition.
27. Septbr.	8,170			5,126000	293 ¹)	269 263		40,3° C.		
28. Septbr.	7,750	0,210		5,852000	266			39,8° C.		
	7,370			Der Hund todt.						

¹) Diese Zählung geschah ca. 2 Stunden nach der Transfusion.

Die Dauer der Transfusion (von Carotis zu V. jugularis) 1 Minute; vor der Transfusion Körpergewicht 7,99 Kilo, nach derselben 8,17 Kilo, Differenz 180 Gr. d. h. *29 pCt.* der normalen Blutmenge, die bei dem Körpergewicht von 7,99 Kilo auf 615 Gr. zu schätzen ist. Vor der Transfusion wurden ca. 20 Gr. Blut entzogen, die Vermehrung der Blutmenge betrug *also 26 pCt.*

1. *a)* Während, und kurze Zeit nach der Operation war der Hund in einem äusserst *elenden* Zustande. In der ersten halben Stunde nach der Operation jammerte er anhaltend und hatte *Dyspnoe* und *Erbrechen* von nicht blutigem Schleime. Nach ½ Stunde hörten diese

Phänomene auf, es trat nun *Blutung* aus der Wunde ein, welche nach Anwendung von Charpie, Eis etc. vorläufig gestillt wurde. Die Temperatur vor der Operation 38,5° C.; schon 2 Stunden nach derselben war die Temperatur *40,3° C.*, so dass sie also binnen ganz kurzer Zeit bedeutend in die Höhe ging.

b) Am folgenden Tage hatte der Hund *blutigen Harn* entleert, die Wunde stark *geblutet;* es hatte sich ein Blutbeutel unter der Haut gebildet; die Haare um die Wunde herum mit frischem Blut besudelt. Das Fieber schien geringer, indem die Temperatur 39,8° C. betrug. Das Befinden im Ganzen äusserst schlecht; die Lippen kalt, der Hund kann kaum mit grosser Beschwerde stehen. — Am folgenden Morgen fand ich den Hund todt; die Todesstarre bereits eingetreten.

2. Die Zahl der Blutkörperchen unmittelbar vor der Transfusion war 313, nahm aber bedeutend nach der Operation ab. Der Wahrscheinlichkeitsberechnung zufolge sollte man unmittelbar nach der Transfusion, wenn kein Plasma herausgetreten wäre, ca. *380* Blutkörperchen (239—241 Hundeblutkörperchen und vielleicht 140 Lammblutkörperchen) erwartet haben; 2 Stunden nach der Operation war die Zahl der Blutkörperchen nur *233 (200* Hundeblutkörperchen und ca. *30* Lammblutkörperchen). Die Lammblutkörperchen waren ein wenig entfärbt, aber doch im Wesentlichen unverändert. Die Hundeblutkörperchen hatten auch, wie es schien, abgenommen, aber wegen der Blutung konnte ich nicht mit Sicherheit entscheiden, ob sie wirklich mehr oder weniger zerstört worden. Am anderen Tage war die Zahl der Blutkörperchen 266 (212 Hundeblutkörperchen und 50—52 Lammblutkörperchen); es waren also noch einige Lammblutkörperchen unversehrt geblieben.

Section. Cav. abdominis. Kein Exsudat in cav. peritonei. Der Magen mit nicht blutgemischtem Fluidum gefüllt; im Dünndarm gelbbraune Galle; im unteren Theil des Dickdarms *blutige Infiltration und blutiger Schleim. Die Leber icterisch, im ausgeprägtem Grade gelbbraun gefärbt* [1])*;* die Gallenblase strotzend voll. In der Harnblase ca. 40 Ccm. *bluttingirtes* Fluidum, welches keine Blutkörperchen enthielt, dieses gab nicht *Gmelin's* Gallenreaction.

---

[1]) Cfr. *Panum's* Versuch III mit Kalbsblut (Virchows Archiv. Bd. 27. J. 1863. S. 450): „die Leber war stellenweise gelb gefleckt. Die Gallenblase war mit dunkler Galle gefüllt."

Cav. pectoris. Kein Exsudat in den Pleurahöhlen oder in cav. pericardii; die Lungen normal. Im rechten Herzen flüssiges Blut und *gelbbraun gefärbte Coageln; unterhalb des Endocardiums, sowohl den Klappen als den Wänden entlang, kleine, unregelmässige, blutige Infiltrationen.*

Die Halswunde mit einer Blutschicht bedeckt; die Blutung erstreckt sich nicht in die Tiefe.

Die ausgeprägten Symptome in diesem Versuche waren also Blutung und Fieber. Ein Symptom, welches bei den Lammbluttransfusionen an Menschen bisweilen erwähnt wird, schien hier vorhanden zu sein, nämlich Icterus; die Leber war stark mit Galle imbibirt, der Dünndarm gallenüberfüllt, im Herzen gallengefärbte Gerinnsel. Der schwach bluttingirte Harn hatte eine gelbbraune Farbe, er gab aber keine Gallenreaction. Die Transfusoren sehen den Icterus als hämatogen an; diese Annahme mag ihre Richtigkeit haben, sie ist aber nicht begründet; es sind hier specielle methodische Versuchsreihen nöthig, die ausserhalb des Bereiches dieser Abhandlung liegen.

Versuch III.

In diesem Versuche wurden *32 pCt.* eingespritzt und die Blutmenge um *27 pCt.* vermehrt.

Versuch III mit directer Transfusion; (es wurden 32 pCt. überführt, die Blutmenge um 27 pCt. vermehrt).

1874. Datum.	Körpergewicht in Kilo.	Gewichtsverlust in Kilo.	Harn in Ccm.	Harnstoff in Gramm.	Blutkörperchen in 1 Cubikmillimeter.	Die Zahl der gezählten Blutkörperchen im Mittel.	Die einzelnen Zählungen. I.	II.	Temp. im Rectum.	Nahrung in Gr.	Versuch.
18. Septbr.	·				4,854740	220,67	247 232	219 208			
19. Septbr.	6,550		75	·5,15	4,792260	217,83	213 232	208 208			
20. Septbr.	6,330	0,220	60	4,21	4,994000	227	226 214	228 200			Versuch.
21. Sept.	6,050		58	4,56	3,432000	156 ¹)	163	149		Inanition.	
22. Septbr.	6,200		58	3,26	3,487000	158,5	152	165			Transfusion.
23. Septbr.	todt. ?		165 Ccm. bräuige Faces und Harn.								

¹) Diese Zählung geschah ½ Stunde nach der Transfusion.

Vor der Transfusion Körpergewicht 6,05 Kilo, nach derselben 6,20; Differenz 150 Gr., also 32 pCt. der normalen Blutmenge, die bei dem Körpergewicht von 6,05 Kilo auf 466 Gr. zu schätzen ist, oder, wenn wir ca. 20 Gr. Aderlassblut abziehen, eine Vermehrung der Blutmenge um 27 pCt.

1. Die Dauer der Transfusion 1 Min. 10 Sec.; am *Schlusse derselben Erbrechen, blutiger Schaum vor dem Maule und Dyspnoe,*

welche Erscheinungen ca. 15 Minuten nach der Transfusion aufhörten. 1 Stunde nach der Transfusion schauderte der Hund sehr; unmittelbar danach eine *Blutung von 10 Ccm. aus der Wunde.* Am folgenden Tage hatte der Hund *blutigen* Harn und ausserdem breiige (blutgemischte?) Fäces entleert. Am dritten Tage war der Hund gestorben.

2. Was in diesem Falle ein besonderes Interesse darbietet, ist die Abnahme der Blutkörperchen. Die Zahl der Blutkörperchen unmittelbar vor der Transfusion war 227. Da die Blutmenge um 27 *pCt.* vermehrt wurde, und die Zahl der Blutkörperchen im Lammblute wenigstens 500 betrug, sollte man unmittelbar nach der Transfusion eine viel grössere Anzahl erwartet haben, selbst wenn kein Plasma ausgetreten wäre, nämlich wenigstens 300 (ca. 170 Hunde- und wenigstens 130 Lammblutkörperchen). Statt dieser Zahl fand ich $\frac{1}{2}$ Stunde nach der Transfusion nur 156 (142 Hundeblutkörperchen, 13—14 Lammblutkörperchen, welche zum Theile sehr blass waren). Da noch keine starke Blutung eingetreten war, und die Zahl der Hundeblutkörperchen der Berechnung nach ungefähr 170 sein musste, kann es wohl hier kaum zweifelhaft sein, dass auch Hundeblutkörperchen aufgelöst worden sind. Am 2ten Tage war die Zahl der Blutkörperchen annähernd dieselbe, nämlich 158—159 (von diesen waren höchstens nur 3—4 Lammblutkörperchen); ausserdem wurde viel Detritus (wahrscheinlich als Trümmer der Lammblutkörperchen aufzufassen) überall im Gesichtsfelde sichtbar. Die Destruction der Blutkörperchen hatte eine grosse Menge Blutfarbstoff im Harn zur Folge; der Eiweissgehalt des Harns betrug 7,94 Gr. Dagegen hatte der Harnstoffgehalt abgenommen; vor der Operation war derselbe in 24 Stunden 4,2—4,5 Gr., im Laufe von 30—38 Stunden nach der Operation war die ausgeschiedene Menge höchstens 3,26 Gr.

Section. Cav. abdominis. Blutextravasat im Omentum von der Grösse eines Guldens; in Magen ca. 200 Ccm. schwarzbräunliches Fluidum. Der Dünndarm mit gelbbräunlicher, flüssiger Galle gefüllt; die Leber nicht stark überfüllt, reichliche Galle in der Gallenblase. Pancreas und Milz normal; *die Corticalsubstanz und der obere Theil der Medullarsubstanz der Nieren stark injicirt;* die Harnblase leer.

Cav. pectoris. Ca. 8—10 Ccm. dünnes, blutiges Exsudat in der linken Pleurahöhle, in der rechten Pleurahöhle kaum Spuren davon. In der rechten Lunge drei begrenzte, *blutüberfüllte Partien* (Infarcte?); sie gehen von der Oberfläche, wo sie die Länge und Breite von beinahe 3 Centimetern haben, fast keilförmig bis 1 Centimeter in die Tiefe hinein. Diese Partien sind zum Theile luftleer. In der *linken* Lunge 2 ähnliche Partien, von denen die eine etwas tiefer (ca. 1½ Centimeter) hineindrang. — Vorkammer und Kammer des rechten Herzens mit geronnenem Blute gefüllt.

In der Halswunde selbst keine blutige Infiltration zu beobachten.

Es verdient vielleicht hervorgehoben zu werden, dass die Halswunde diesmal bei der Section nicht blutig infiltrirt gefunden wurde.

Die Erscheinungen werden also auch hier nicht durch die Transfusionsmethode besonders beeinflusst; die directe Transfusion brachte im Wesentlichen dieselben krankhaften Symptome, wie die indirecte, hervor.

§ 70.

Uebersicht der gewonnenen Ergebnisse.

A. *Die Transfusion des fremdartigen Blutes von schädlichem Einfluss; die Vermehrung der Blutmenge an und für sich irrelevant.*

Der Unterschied zwischen den Transfusionsversuchen mit dem Blute derselben Thierart und denjenigen mit dem Blute anderer Gattung ist gross und augenfällig.

Während in den Transfusionsversuchen mit dem Blute derselben Thierart keine Störungen selbst bei grösserer Ueberfüllnng des Gefässsystemes auftraten, verhielt sich die Sache hier ganz anders. Sowohl bei der directen als bei der indirecten Lammbluttransfusion führten Blutquanta, die mehr als 20 pCt. von der Norm betrugen, den Tod der Hunde hiebei.

Indirecte Transfusion.				**Directe Transfusion.**			
	Das eingespritzte Blutquantum.	Die Vermehrung der Blutmenge.			Das transfundirte Blutquantum.	Die Vermehrung der Blutmenge.	
Versuch I.	31 pCt.	22 pCt.	Der Hund starb nach 15 Tagen (blutiges Empyem); keine deutliche Blutung aus der Wunde.	Versuch I.	16 pCt.	10 pCt.	Der Hund in den ersten 3 Tagen nach der Transfusion krank; deutliche aber geringe Blutung aus der Wunde; Genesung.
Versuch II.	38 pCt.	30,5 pCt.	Der Hund starb nach 15 Stunden, starke Blutung aus der Wunde.	Versuch II.	29 pCt.	26 pCt.	Der Hund nach ca. 30 Stunden gestorben; starke Blutung aus der Wunde.
Versuch III.	49 pCt.	44 pCt.	Der Hund starb nach ca. 20—22 Stunden, Blutung aus der Wunde.	Versuch III.	32 pCt.	27 pCt.	Der Hund nach ca. 52 Stunden gestorben; geringe Blutung aus der Wunde.

Die Vermehrung der Blutmenge hat aber an und für sich keine Bedeutung; dasselbe Quantum Lammblut hat im Wesentlichen ganz denselben Effect, es mag Depletion vorhergegangen oder nicht; im Versuch IV mit defibrinirtem Lammblute wurden 48 pCt. der Blutmenge eingespritzt, nachdem vorher 63 pCt. entleert worden; der Hund starb ca. 12 Stunden nach der Transfusion unter denselben Erscheinungen wie in den anderen Versuchen. In den drei bekannten Versuchen *Panums* [1]) mit defibrinirtem Blute anderer Gattung ging eine entsprechende Depletion voraus; auch hier ganz dieselben Resultate; in *Panum*'s Versuch I wurden 10 pCt. (von der normalen Blutmenge) defibrinirten Kalbsblutes dem Hunde eingespritzt, es traten Blutungen aus der Wunde ein, nach 3 Tagen Genesung; im Versuche II Einspritzung von ca. 55 pCt. defibrinirten Lammblutes, Blutung aus der Halswunde und Tod des Hundes nach 3 Stunden; im Versuch III Einspritzung von ca. 15 pCt. defibrinirten Kalbsblutes, Blutung und Tod des Hundes nach 30 Stunden.

Mittler [2]) hat im Wesentlichen ähnliche Resultate erhalten; er sagt: »so vollständig wohl, wie nach der Transfusion gleichartigen Blutes, haben sich die Thiere selbst bei geringeren Mengen nicht befunden . . . Zuweilen erfolgten . . . parenchymatöse Blutungen aus den frisch gesetzten Operationswunden und Ausscheidungen blutigen Harns, selbst wenn die Thiere den Act des Blutumtausches in toto überdauerten . . . Das unmittelbar überleitete Blut bringt zwar niemals so intensive Ausscheidungen so plötzlich hervor, wie das gequirlte, allein die Ausscheidungen fehlen auch hier nicht, wenn sie gleich bei geringen Mengen fremden Blutes nicht augenfällig zu Tage treten.«

Das injicirte *fremde* [3]) Blut bringt ernste Störungen hervor; nicht die Vermehrung der Blutmenge, sondern nur das *fremde* Blut, wie bereits

---

[1]) *Panum* in Virchows Archiv. Jhrg. 1863. Bd. 27. S. 448–451.

[2]) Es ist dies hervorzuheben, da *Mittler* von *Gesellius* (Gesellius „die Transfusion des Blutes.« Leipzig und St. Petersburg 1874. S. 51—57) als Vertheidiger der directen Thierbluttransfusion auf Menschen angeführt wird. *Mittler* hat kein bestimmtes Urtheil in dieser Hinsicht abgegeben; er sagt nur: „so erscheinen nach meinen Versuchen unmittelbare Transfusionen von Thier auf Mensch in beschränktem Umfange einer näheren Prüfung werth.«

[3] Ich möchte hier eine kleine Bemerkung nicht unterdrücken. In der experimentellen Pathologie hat man vielfach mit der Injection von zellenhaltigen Flüssigkeiten z. B. Eiter sich beschäftigt. — Da das überführte

vor 54 Jahren zuerst *Prevost* und *Dumas* [1]) festgestellt haben, hat diesen schädlichen Einfluss. Wir können deshalb im Folgenden die Symptome nach der Lammbluttransfusion beim Hunde im Allgemeinen beschreiben, ohne Rücksicht darauf, ob die Blutmenge nach der Transfusion vermehrt sei oder nicht.

B. Die Symptome nach den Lammbluttransfusionen beim Hunde.

Wir haben in unseren Versuchen mit der Einspritzung vom Blute derselben Thierart gesehen, dass selbst nach sehr grossen Ueberfüllungen kein Austritt von Blutkörperchen oder Blutfarbstoff erfolgte; das nach den Transfusionen vom Thiere beherbergte Blutroth stellte die Summe des ursprünglichen und des eingespritzten dar. Hier aber bei den *Lammbluttransfusionen* auf Hunden steht die Sache ganz anders; die am meisten hervortretenden Erscheinungen sind ja eben die *Blutungen*, wie es aus den sämmtlichen bisher angestellten Versuchen hervorgeht. *King*'s [2]) directe Transfusion (Juni 1667) von Lamm auf Fuchs verursachte den Tod des Fuchses (unter starkem Zittern) nach 24 Stunden. »Nach dem Tode floss ihm etwas Blut aus der Nase. Seinen Brustkasten und Unterleib fand man halb voll von blutigem Wasser oder vielmehr von Blut; alle Gefässe waren sehr ausgedehnt und die Häute der Gedärme schienen entzündet zu sein.« Drei Hunde, in welche *Magnani* [3]) (1667—1668) Hammelblut transfundirte, entleerten blutigen Harn und starben kurze Zeit nach der

---

Blut anderer Gattung einen ganz anderen Einfluss als das Blut derselben Gattung ausübt, ist es erforderlich, dass man jedenfalls ad interim zwischen Injection vom Eiter (u. s. w.) derselben Thierart und anderer Thierart oder Gattung eine scharfe Trennung mache.

[1]) Annales de chimie, 1821. Tome XVIII. S. 294. Cfr. „die Transfusion des Blutes" von Dr. *J. F. Dieffenbach*, Berlin 1828. S. 186—187.

[2]) *P. Scheel* „die Transfusion des Blutes" Copenhagen 1802, S. 68—69, cfr. auch *Panum* in Virchows Archiv. Bd. 27. Jahrg. 1863. S. 435.

[3]) *P. Scheel* „die Transfusion des Blutes" Bd. II. J. 1803. S. 10—14; cfr auch *Panum*, l. c. S. 448—451.

Transfusion. Von dem einen dieser Hunde wird mitgetheilt, dass bei der Section blutiges Exsudat in cav. peritonei, mehr oder weniger blutige Ausscheidungen in dem Magen, in den Gedärmen, in den Nieren, in der Blase, im Herzen und in der linken Höhle des Craniums gefunden wurden. *Panum* hat in seinen 3 Versuchen hauptsächlich die Blutungen aus der Halswunde, den blutigen Harn (ohne Blutkörperchen) und bei der Section die Nierenhyperämie betont; ausserdem fand er bei der Section Ecchymosen in der Leber und blutige Infiltration in der Schleimhaut des Dickdarms; nach *Mittler* sind ebenfalls die »parenchymatösen« Blutungen aus der Wunde und bluttingirter Harn die Haupterscheinungen; in meinen Versuchen, die mit denjenigen von *Landois* u. A. [1]) übereinstimmen. wurden ebenfalls vorzugsweise *capillare Blutungen aus der Wunde* und *blutiger Harn* beobachtet. Nur wenn sehr kleine Quantitäten injicirt werden, fehlen nach den Versuchen von *Landois* [2]), die späterhin von *Ponfick* be-

---

[1]) *Landois* im „Centralblatt für die medicinischen Wissenschaften." Jahrg. 1873. No. 57. S. 898. „Die aufgelösten Bestandtheile der Blutzellen gelangen theilweise zur Ausscheidung vornehmlich durch den Harn, weniger reichlich und nicht constant ferner im Darm, Uterus, Bronchialbaum und in den serösen Höhlen." — A. *Jakowicki* (Denkblätter der Warschauer medic. Gesellschaft. Jahrg. 1874, referirt im Centralblatt für Chirurgie. J. 1874. S. 247—249) hat im Laboratorium von Prof. A. *Schmidt* in Dorpat bei der Transfusion von Katzen-, Kalbs- und Pferdeblut auf Hunden blutig gefärbten Harn, blutige Fäces und bei der Section hyperämische Nieren, blutig infiltrirte Lungen, oft mit Infarcten, starke Injection der Gefässe und Blutextravasate in der Darmschleimhaut und manchmal einen blutigen Erguss in die Peritonealhöhle beobachtet. *Ponfick* hat in einer grösseren Arbeit („experimentelle Beiträge zur Lehre von der Transfusion" in Virchows Archiv Bd. 62) ebenfalls dieselben Erscheinungen hervorgehoben.

[2]) *Landois* (l. c. S. 898): „daher können bei kleinen Mengen transfundirten Blutes, zumal wenn dieses langsam zerfällt, blutige Ausscheidungen fehlen." *Gesellius* schliesst auf Grund von 22 Versuchen an Thieren (l. c. S. 66): „dass man *immer* ohne vorhergehende Depletion einem Hunde Lamm- oder Kalbsblute im Betrage von ⅓ des Blutgehaltes des Hundes überleiten kann;

stätigt sind, die blutigen Ausscheidungen gänzlich. Die Sectionen ergaben wie wir gesehen haben, fast immer *starke Blutüberfüllung der Nieren* und, häufig *Lungenhyperämie* mit Infarcten oder kleinen Extravasaten, *Blutaustritt in den Darmcanal* und blutiges Exsudat in der Bauchhöhle. Es gebührt *Mittler* (l. c.) das Verdienst zuerst specieller auf die Nierencongestion aufmerksam gemacht zu haben. Er fand, dass die Nieren bei der Transfusion vom Blute derselben Thierart zwar nicht selten hyperämisch sein konnten, dass sie aber sonst in ihren Structurverhältnissen normal waren. »Anders nach der Uebertragung fremdartigen Blutes, sie erscheinen theils von Imbibitionsröthe dunkel gefärbt; theils von abgegrenzten Infarcten durchsetzt.« Ich habe ebenfalls *Infarcte* in den Lungen und vielleicht auch in den Nieren beobachtet, niemals aber eine detaillirte mikroskopische Untersuchung, die hier nöthig sein würde, angestellt.

C. Die Destruction der Blutkörperchen.

Bevor wir die Momente, welche die Blutungen und den Blutaustritt bedingen, näher beleuchten, ist es nothwendig bei dem am meisten *constanten* Symptome, dem blutigen Harne, ein Augenblick zu verweilen. Der Harn enthält, wie es scheint, nie Blutkörperchen. *Mittler* hat in seiner Abhandlung die blutige Farbe des Harns einer näheren Discussion unterworfen; er sagt (l. c.): »unter dem Mikroskope erscheinen die Harncanälchen auf dicken Schnitten lebhaft roth, auf dünnen tief gelb. Es ist

---

bevor eines der genannten Symptome („roth gefärbter Harn, blutiger Schaum vor Maul, parenchymatöse Blutungen" oder „sonstige abnorme Erscheinungen") erscheint." Die Methode *Gesellius's*, um die überführte Blutmenge zu bestimmen, ist aber durchaus unzuverlässig; seine physiologische Basis so labil, dass man auf seine Angabe nicht viel Gewicht legen kann. — *Ponfick* hat in einer *methodischen* Versuchsreihe die *Grenze* bestimmt, bei welcher die betreffende Blutart noch Spuren von „Hämoglobinurie" hervorbrachte; die Grenze nach indirecter Transfusion von Lammblut beim Hunde lag *viel niedriger*, als *Gesellius* sie gefunden hatte. nämlich bei ca. 1,6 pCt. der normalen Blutmenge des Hundes (cfr. *Ponfick* l. c.).

mir aber nicht gelungen in den Harncanälchen solcher Nieren unversehrte Blutkörperchen aufzufinden. In dem blutigen Harne der Hunde war Hämatin in beträchtlicher Menge enthalten. Jedoch auch hier vermochte ich keine unveränderten Blutkörperchen zu entdecken . . . Die interessante Thatsache, dass nach der Einspritzung fremden Blutes ein rothgefärbter Harn abgeht, kann in zweifacher Weise gedeutet werden. Entweder rührt der Farbstoff nur von einer Zerstörung der neu eingeführten Blutkörperchen her, oder es sind durch das neu eingeführte Serum auch die dem Thiere eigenen Blutkörperchen in Mitleidenschaft gezogen worden. Der letztere Fall wäre namentlich geeignet, die rasch tödtende Wirkung grösserer Mengen gequirlt eingespritzten fremdartigen Blutes zu erklären.» *Landois's*, meine und *Ponfick's* Untersuchungen haben vollends bestätigt, dass die Destruction der Blutkörperchen als die Ursache des blutigen Harns anzusehen ist; der Harn enthält Blutfarbstoff und, wie es scheint, nie Blutkörperchen, so dass der von *Ponfick* gegebene Name »Hämoglobinurie» zutreffend ist.

Das nähere Studium der Destruction der Blutkörperchen mit Hülfe des Mikroskopes hat man vorzugsweise den Bemühungen der Herrn *Creite*[1]) und *Landois*[2]) zu verdanken. *Creite* wies nach, 1) dass das Serum des Katzenblutes und des Hammelblutes dem Kaninchen eingespritzt blutiggefärbten, eiweisshaltigen Harn hervorbrachte und 2) dass das Serum von Katzen, Hunden, Hammeln, Gänsen, Enten und Hühnern einem Tropfen Menschen- oder Kaninchenblutes zugesetzt ein Zusammenballen der Blutkörperchen zu unförmlichen Klumpen veranlasste, in denen die einzelnen Körperchen nicht mehr zu unterscheiden waren und erst durch den Zusatz einer Kochsalzlösung wieder isolirt werden konnten, dass aber das Serum derselben Thierart nicht diesen Einfluss hatte. *Landois* supplirte diese Versuche.

---

[1]) *A. Creite* in Zeitschrift für rationelle Medicin, 3 R. Bd. XXXVI. Jahrg. 1869. Heft 1. S. 90 ff. (referirt in *Henles* und *Meissners* Bericht über die Fortschritte der Anatomie und Physiologie im Jahre 1869. S. 12 und S. 162. Leipzig & Heidelberg 1871).

[2]) *Landois* im „Centralblatt für die medicinischen Wissenschaften". Jahrg. 1873. No. 56. S. 883—885 und No. 57. S. 897—900.

Er hat constatirt, dass die Blutkörperchen vieler Thiere, wenn sie mit Blut oder Serum anderer Gattung gemischt werden, sich in Haufen zusammenballen. Ferner hat er genauer festgestellt, dass das Serum vieler Säugethiere die Blutkörperchen anderer Säugethiere auflöst. Nach *Landois's* Untersuchungen hängt die Gefahr der Transfusion für die Thiere, in welche fremdartiges Blut eingespritzt wird, nicht so sehr davon ab, dass die eingespritzten Blutkörperchen destruirt, als davon, dass die eigenen Blutkörperchen des Thieres vernichtet werden. Es soll dies die Ursache der gefahrdrohenden Symptome (der Vermehrung der Respirationsfrequenz, der Dyspnoe und der Convulsionen) und des schnellen Todes der Kaninchen nach der Transfusion von Serum oder Blut anderer Thiere sein. Dagegen soll der Hund, nach *Landois,* sehr resistente Blutkörperchen besitzen und deshalb die Einspritzung aller Serumarten, z. B. von Ochs, Schaf, Schwein ohne derartige Erscheinungen ertragen können. Nach den Versuchen von *Ponfick* (cfr. l. c. S. 53) kann Lammblutserum wenigstens bis zu 65 pCt. der normalen Blutmenge in das Gefässsystem des Hundes eingespritzt werden, ohne dass weder Hämoglobin noch Eiweiss im Harne auftreten, während bekanntlich selbst eine minimale Menge Lammblut das Hämoglobin sofort zum Vorschein kommen lässt. »In Hinblick auf solche Ergebnisse muss ich Serum, wenigstens das des Lammes, als ein für das Leben der rothen Blutkörperchen des Hundes durchaus ungefährliches Medium ansehen und proclamiren.« *Ponfick* hat also die Angabe *Landois's* in schätzbarer Weise bestätigt.

Wir glauben durch unsere Untersuchungen, was den Hund betrifft, diese Fragen ihrer Beantwortung ein wenig näher gerückt zu haben. Freilich können wir den Untersuchungen von *Creite* und *Landois* über den Auflösungsprocess selbst eigentlich Nichts hinzufügen; wir können keine Aufschlüsse darüber geben, ob ausser dem Blutplasma auch die Blutkörperchen selbst irgend einen besonderen Einfluss auf die Destruction der Blutkörperchen anderer Gattung ausüben.

1. Wir haben aber durch die Zählungen der Blutkörperchen, die mit Hülfe der Färbekraftbestimmungen, der Blutanalysen und der mikroskopischen Untersuchung des Blutes controlirt wurden, direct bewiesen, *dass die Lammblutkörperchen, ganz unabhängig davon, ob defibrinirtes oder undefibrinirtes Lammblut eingespritzt wird, im Gefässsysteme des Hundes*

nach kurzer Zeit aufgelöst und zerstört werden, und dass die Schnelligkeit der Destruction vom Mengenverhältnisse abhängig zu sein scheint. Nach der Transfusion von verhältnissmässig geringeren Mengen Lammblutes schienen sämmtliche Lammblutkörperchen fast momentan destruirt; bei verhältnissmässig grossen Mengen Lammblutes ist die Destruction zwar auch augenfällig und rapid, die Lammblutkörperchen können jedoch noch gewöhnlich am zweiten Tage nach der Transfusion im Hundeblute nachgewiesen werden.

2. Neben diesem Moment kommt, wie ich glaube, ausserdem in Betracht, dass auch die eigenen Blutkörperchen des Hundes, obwohl in sehr geringem Grade, destruirt wurden. Einige Male habe ich nach den Transfusionen einige sehr abgeblasste Blutkörperchen von der Grösse und Form der Hundeblutkörperchen beobachtet, so dass ihre Auflösung nicht in Zweifel gezogen werden kann. Aber *diese* Destruction war stets sehr *geringfügig,* (wir haben in unseren bisher angestellten Versuchen nicht einmal mit Sicherheit festgestellt, dass die Hundeblutkörperchen im wesentlichen Grade destruirt wurden [1]).

D. Die Ursache der Blutungen und des Todes.

Die Destruction der Lammblutkörperchen und die in jedem Falle verhältnissmässig sehr geringe Destruction der Hundeblutkörperchen kann nicht einmal in den Fällen, in denen 30 pCt. eingespritzt wurden, als genügende Erklärung der gewaltigen Blutungen, geschweige des Todes, angesehen werden. Die Zahl der Blutkörperchen kann sicherlich viel tiefer sinken, ohne dass tödtlicher Ausgang eintritt.

Der blutige Harn kann, wie sich von selbst versteht, aus den destruirten Blutkörperchen herrühren. da. wie *Panum, Mittler,* u. A. ge-

---

[1] Nach den Versuchen *Ponfick's* könnten weitere Versuche mit Lammblutserum überflüssig erscheinen. Eine methodische Untersuchung — mit Hülfe der Blutzählungen und sehr genauer mikroskopischer Beobachtungen — über den Einfluss des Lammblutserums auf die Hundeblutkörperchen einerseits und über den Einfluss des Hundeblutserums auf die Lammblutkörperchen andererseits dürfte dennoch vielleicht am Platze sein.

funden haben, keine Blutkörperchen in demselben zu beobachten sind. Aber die Auflösung der Blutkörperchen kann überhaupt nur die blutigen Ausscheidungen erklären, insofern in denselben *keine* Blutkörperchen vorhanden waren. Dagegen können *die Blutungen im Darmcanale und die anhaltenden Blutungen aus der Wunde* nicht auf diese Weise erklärt werden. Denn diese Blutungen enthielten nicht allein Blutfarbstoff, sondern, wie ich früher mitgetheilt habe, auch viele *Blutkörperchen.* Was ist aber nun die Ursache dieses Anstritts der Blutkörperchen unter so bewandten Umständen? Dieser Anstritt kann, wie mir dünkt, nur durch den Einfluss des eingespritzten Blutes auf die *Gefässwände* bedingt sein. Wir haben gesehen, dass das Hundeblut auf die transfundirten Lammblutkörperchen und ebenfalls Lammblut auf die Blutkörperchen des Hundes — obwohl in geringerem Grade — giftig wirken, da ja auch ein Theil von den Blutkörperchen des Hundes zerstört wurde. Es liegt daher nahe zu vermuthen, dass das fremdartige Blut einen ähnlichen Einfluss auf die Gefässwände selbst ausübe; es muss *auf irgend eine Art eine Integritätsstörung der Gefässwände* durch das *fremde* Blut veranlasst werden, denn auf andere Weise können wohl diese Blutungen, in denen Blutkörperchen enthalten sind, kaum erklärt werden. In jedem Falle müssen wir aber vorläufig annehmen, dass die Gefässwände durch das fremde Blut geschwächt worden.

Man hat die Blutungen »auf die mehr oder minder umfangreiche Verstopfung von Capillaren und kleinen Gefässen in den verschiedenen Organen durch zusammengeballte Fremdblutkörper und Stromafibrin» zurückführen wollen [1]; die constanten capillaren Blutungen aus den Wunden sollten demnach eine Folge »der Drucksteigerung des Blutes in den noch wegsamen Capillaren» sein. Zwar habe ich bei meinen Sectionen, die fast unmittelbar (höchstens einige Stunden) nach dem Tode der Thiere ausgeführt, weder in den grossen noch in verhältnissmässig kleineren Gefässen verbreitete Gerinnselbildungen beobachten können; ich gebe aber angesichts der ausgedehnten Erfahrungen *Landois*'s jedenfalls vorläufig gern zu, dass Verstopfung der Gefässe nach diesen Transfusionen häufig stattfinde. Dies kann wohl aber kaum die Blutungen aus der Wunde ge-

---

[1] *Landois* im „Centralblatt für die medicinischen Wissenschaften." Jahrg. 1875. No. 1. S. 2.

nügend erklären. Es ist nämlich immer noch fraglich, ob Embolien wirklich durch den vermehrten Druck in den noch wegsamen Capillaren Blutungen bedingen können, oder ob nicht vielmehr die Blutungen nach den Embolien eine Folge von sekundären Ernährungsstörungen der Gefässwände sind; jedenfalls treten in den Experimenten an Thieren über Embolie die Blutungen nicht sofort nach der Verstopfung der Gefässe auf. Aber auch bei diesen Zugeständnissen ist immer noch festzuhalten, dass die Blutungen aus den Wunden einen anderen Erklärungsgrund haben müssen, weil sie *gewöhnlich unmittelbar nach und bisweilen auch während der Transfusion* (cfr. Versuch IV mit defibrinirtem Lammblute) auftreten, die Zeit also eine für derartige Druckstörungen viel zu kurze ist. Eine durch das *fremde* Blut momentan bewirkte Paralyse oder Alteration der Gefässwände muss aller Wahrscheinlichkeit nach in Betracht gezogen werden; leider lässt sich von dieser Alteration vor der Hand Nichts aussagen.

Bei der Beurtheilung der Infarcte sind wahrscheinlich mechanische Kreislaufsstörungen in's Auge zu fassen. Da die Lammblutkörperchen viel kleiner als die Hundeblutkörperchen sind, können sie selbstverständlich frei circuliren; von mechanischen Hindernissen kann in dieser Hinsicht nicht die Rede sein. Hier ist vielleicht auf den Befund von *Creite* und *Landois* vorzugsweise Gewicht zu legen, dass die Blutkörperchen irgend eines Thieres, dem Blutserum anderer Gattung zugesetzt, sich oft in Haufen zusammenballen. Es wird sich möglicherweise nachweisen lassen, dass die Infarcte in den Lungen und in den Nieren wesentlich von diesem Zusammenballen der Blutkörperchen oder von sekundären Gerinnselbildungen herrühren. — Man muss auf diese Infarcte ein nicht allzugeringes Gewicht legen, solange man nicht aus den anderen Momenten den Tod erklären kann.

Wenn wir die Frage über die Ursache des Todes aufwerfen, so können wir eigentlich keine andere Antwort geben als dieselbe Hypothese, welche *King* vor ca. 200 Jahren auf Grund seines vor Kurzem citirten Versuches aufgestellt hat; wir sind aber jetzt im Stande die Antwort präciser und bestimmter zu geben. Um die Ursache des Todes des Fuchses nach der Lammbluttransfusion zu erklären, hat er folgende Fragen [1] aufgeworfen:

---

[1] *P. Scheel* „die Transfusion des Blutes", Copenhagen, J. 1802. S. 69.

»1. Aenderte vielleicht das Lammblut die Eigenschaften und die Consistenz des Blutes vom Fuchse so, dass dasselbe davon dünner wurde, und folglich die Lebensgeister leichter davon fliegen konnten, und hing hiervon der geschwächte Tonus der Gefässe ab? Oder 2) konnten die Arterien sich deswegen nicht ihres Blutes entledigen, weil die überfüllten Venen nicht im Stande waren, mehr Blut aufzunehmen? und 3) beraubte vielleicht diese übermässige Ausdehnung der Arterien und Venen den Häuten derselben ihre Dichtigkeit und Stärke, und rührt daher die tödtliche Blutaustretung?«

Die zweite Frage schien *King* »am wahrscheinlichsten zu sein.« So eingewurzelt war das Dogma von der Schädlichkeit der Ueberfüllung des Gefässsystemes, dass die Vermehrung der Blutmenge in den Vordergrund gestellt wurde. Die erste Frage dagegen enthält ungefähr dasselbe, was ich gefunden und angenommen habe. *Das Blut ist dünnflüssig und der Tonus der Gefässwände ist aller Wahrscheinlichkeit nach geschwächt worden.* Es ist aber hiedurch der Tod nicht genügend erklärt; es müssen auch andere Momente, die allerdings die Folge von der Auflösung der Blutkörperchen und der Schwächung der Gefässwände sein können, einen wesentlichen Einfluss ausüben.

Auf eine Erscheinung ist wahrscheinlich ein grosses Gewicht zu legen, nämlich auf die nach reichlichen Transfusionen *fast unterdrückte* [1] *Harnstoffsecretion* und die zuerst von *Mittler* hervorgehobene tiefe *Alteration der Nieren.* Diese Nierenaffection ist sehr augenfällig; ich habe mehrmals die Nieren nach diesen Transfusionen mikroskopisch untersucht und die Füllung mehrerer Harncanälchen mit bräunlich rothen Massen (wie es schien, ohne Blutkörperchen) beobachtet; ich sah aber bald ein, dass diese Untersuchung die Sache des pathologischen Anatomen war, und habe sie deshalb nicht fortgesetzt. Nur möchte ich ausdrücklich hervorheben, dass die Nierenerkrankung *keineswegs zur Zeit* als die Hauptursache des Todes aufgestellt werden kann; in den Fällen (besonders bei Kaninchen), in denen der Tod blitzschnell oder 2 — 3 Stunden nach der Einspritzung erfolgt, kann unseren jetzigen Kennt-

---

[1] Hierauf hat meines Wissens zuerst *Panum* besonders aufmerksam gemacht.

nissen gemäss die unterdrückte Harnsecretion keineswegs einen so schnellen Tod erklären; in den Fällen, in denen der Tod nach 12, 24—30 Stunden eintritt, ist dagegen wohl *höchst selten* die Harnsecretion *völlig unterdrückt.* Ausserdem habe ich nach den Lammbluttransfusionen beim Hunde eigentlich keine urämischen Symptome beobachten können [1]). Die Hunde starben still hin; ich habe bei denselben weder deutliche Convulsionen noch Symptome der Gehirnreizung noch späterhin eigentliche Coma oder Sopor beobachtet. Als ein sehr gewichtiges Moment neben den Blutungen und Infarcten muss jedoch immerhin die Nierenerkrankung angesehen werden.

E. *Die Unwesentlichkeit der Defibrination.*

Es kann scheinen, dass die Neigung zur Blutung in den Fällen, in denen die Transfusion mittelst des defibrinirten Blutes geschieht, grösser ist, aber der Ueberblick der Tabelle macht es ohne Weiteres einleuchtend, dass die Abweichungen sehr geringfügig sind. Im Versuch I mit indirecter Transfusion, in welchem ca. 30 pCt. der normalen Blutmenge eingespritzt wurden, schien weder Blutung aus der Wunde noch auffallende Destruction der Blutkörperchen des Hundes stattzufinden; dagegen waren in den übrigen 3 Versuchen mit defibrinirtem Blute die Blutungen vielleicht etwas grösser als bei der directen Transfusion, aber der Unterschied ist, wie schon die alten Versuche mit directer Transfusion von *King* und *Magnani* hinreichend zeigen, ganz unwesentlich [2]) und man muss hier mit *Mittler* vollständig darin übereinstimmen, dass die Verschiedenheiten überhaupt nur quantitative seien [3]).

---

[1]) Freilich ist der Symptomencomplex schwierig zu beurtheilen.

[2]) Die blutige Färbung des humor aqueus wird (cfr. *Ponfick*) sowohl bei directer als bei indirecter Transfusion beobachtet.

[3]) *Mittler* (l. c.) „Die directe Transfusion von Schaf auf Hund konnte ich nach vorausgehender Depletion in der Regel mit ⅓ des gesammten Blutgehaltes des empfangenden Thieres ausführen und die Thiere am Leben erhalten.

Indeed in einzelnen meiner Versuche haben Hunde unmittelbar überleitetes Schafblut bis zu ¼, zuweilen noch bis nahezu ½ des gesammten eigenen

Hat die directe Transfusion in dieser Hinsicht irgend einen Vorzug, so wird derselbe durch die grossen Vortheile der indirecten Transfusion, dass man den Blutzulauf reguliren und die übergeführte Blutmenge während der Einspritzung bestimmen kann, sicherlich überwogen.

Anm. Das Fieber scheint bei der indirecten Transfusion ein wenig geringer zu sein, als bei der directen; in meinen Versuchen mit defibrinirtem Lammblute war die Temperatursteigerung verhältnissmässig gering; bei der directen Transfusion dagegen stieg die Temperatur in einem Falle sogar auf

Blutgehaltes ertragen; über diese Mengen jedoch konnte ich nicht hinausgehen.

Der einzige Todesfall, den meine Versuchsreihe der unmittelbaren Transfusion zwischen ungleichartigen Säugethieren aufweist, erfolgte am vierten Tage nach der Operation unter nicht aufgeklärten Erscheinungen. Der betreffende Hund hatte mehr als ½ seiner ursprünglichen eigenen Blutmenge vom Schafe erhalten.

Solche Quantitäten gequirlten Schafblutes ertragen, nach meinen Versuchen, die Hunde nicht, selbst wenn dasselbe successive, unter sehr geringem Drucke und möglichst langsam eingespritzt wird.

Die Infusion defibrinirten Schafblutes hatte schon bei ¼ des eigenen Blutgehaltes den Tod des Hundes zur Folge, wenn ich die Procedur in demselben Zeitmaasse durchführen wollte, wie eine directe Transfusion.

Ueberhaupt trat nach meinen Infusionen der Tod ausnahmslos rascher, zuweilen selbst nach weit geringeren Mengen ganz plötzlich, noch vor Beendigung des Versuches ein."

Der Unterschied war also doch nur ein quantitativer. Es kann sich vielleicht ereignen, dass die Einspritzung von defibrinirtem Blute, wenn sie in eben so kurzer Zeit als die directe Transfusion geschieht, ein ungünstigeres Resultat hervorbringt, aber es liegt ja eben der Vortheil der directen Transfusion darin, dass man den Blutzulauf reguliren kann. Die Symptome während der Ueberführung des Blutes waren in den Versuchen mit defibrinirtem Blute von den directen Transfusionsversuchen wesentlich verschieden. In jenen lagen die Thiere bei der Einspritzung des Schafblutes ziemlich ruhig, dagegen trat bei der directen Transfusion ⅓—¼ Minute nach dem Anfange heftige Dyspnoe, (die ca. 15 Minuten nach der Operation aufhörte), ein; gleichzeitig damit fing der Hund zu schreien an. Diese Dyspnoe und das Geschrei sind Kennzeichen dafür, dass das Blut in das Gefässsystem des Versuchsthieres hineinströmt.

41° C. — Nach den Untersuchungen von *Ponfick* sind die Resultate nach directer und indirecter Lammbluttransfusion beim Hunde ungefähr gleich, das tödtliche Minimum vom Lammblut lag bei directer Transfusion zwischen 13 - 16 pCt. der normalen Blutmenge, bei indirecter dagegen zwischen 17—18 pCt. Der Faserstoff hat also auch bei diesen Versuchen, wie es scheint, keine wesentliche Bedeutung [1]).

F. *Hat die Einspritzung des Lammblutes irgend einen günstigen Einfluss?*

Aeltere und neuere Untersuchungen zeigen, dass man mit Hülfe des Kalbs- und des Lammblutes Hunde beleben könne, die wegen grösserer Blutverluste in Agonie liegen; dies kann aber nur für eine kurze Zeit geschehen. Die eingespritzten Blutkörperchen können für eine kurze Zeit, (vielleicht nur einige Stunden, weil sie bald zu Grunde gehen und ihr Blutfarbstoff ausgeschieden wird), ein gewisses Quantum Sauerstoff zuführen; mechanische Kreislaufsverhältnisse können, wie *Landois* bemerkt, wahrscheinlich vorübergehend verbessert werden; aber dies ist wohl auch alles. Ob dieses fremdartige Blut wirklich dem Organismus selbst nur ein Minimum vom Ernährungsmaterial zuführen könne, ist wohl zweifelhaft.

Der schädliche Einfluss (Blutungen, Nierenerkrankung u. s. w.) überwiegt.

In den Lammbluttransfusionen bei den Menschen werden niemals so grosse Einspritzungen angewandt; die eingespritzte Menge des fremdartigen Blutes scheint kaum $\frac{1}{15}$, geschweige $\frac{1}{10}$ der normalen Blutmenge des Menschen überschritten zu haben. Inwiefern durch so kleine Einspritzungen ein günstiges Resultat für die Ernährungsverhältnisse des Individuums erreicht wird, und inwiefern es in diesem Falle vermieden werden kann, dass weder Eiweiss noch Blutfarbstoff durch den Harn heraustreten, darauf kann ich nach meinen eigenen Untersuchungen keine Antwort geben. Indirecte oder directe Transfusion geringer Quanta Lammblut beim

---

[1]) Der Faserstoffgehalt scheint nicht durch die Einspritzung von defibrinirtem Schafblute erheblich verändert zu werden; im dritten Versuche mit defibrinirtem Schafblute, in welchem ca. 49 pCt. der normalen Blutmenge eingespritzt, fand ich 20 Stunden nach der Transfusion ungefähr dieselbe Fibrinmenge wie vor derselben nämlich 5 pro Mille.

Hunde habe ich nicht ausgeführt; sie verdienen kaum versucht zu werden, die Nuancen vor und nach der Transfusion werden sicherlich so gering sein, dass eine sehr detaillirte und methodische Untersuchung erforderlich wäre, um hier zuverlässige Auskunft zu bekommen. Aber auf Grund meiner Erfahrung halte ich mich in jedem Falle berechtigt die Vermuthung auszusprechen, dass der günstige Einfluss, wenn ein solcher, bei kleinen Blutmengen sich überhaupt nachweisen lässt, kaum dem Eingriffe, welchen selbst diese verhältnissmässig geringe Operation zur Folge hat, äquivaliren werde.

G. Die Lammbluttransfusion auf Menschen.

Werfen wir einen Blick auf die Resultate der Lammbluttransfusion beim Menschen, so werden wir bald erfahren, dass sie mit den Ergebnissen der physiologischen Versuche übereinstimmen.

Bereits 1667 hat der französische Arzt *Denis* entsprechende Beobachtungen gemacht. In einem Versuche verlor das Individ ein Paar Stunden nach der Lammbluttransfusion einige Tropfen Blut aus der Nase [1]), in einem anderen Versuche mit Kalbsblut bekam das Individ (der Kammerdiener *Mauroy*) Fieber, Schmerzen in der Nierengegend und entleerte blutigen Harn. Am anderen Tage liess er »ein grosses Glas voll Urin, der so schwarz war, als ob man Russ darunter gemischt hätte»: am dritten Tage »liess er wieder ein Glas voll beinahe eben so schwarzen Urin wie den vorigen, und blutete reichlich aus der Nase»; am vierten Tage »fing sein Urin an heller zu werden, und nahm nach und nach wieder seine natürliche Farbe an» [2]). Der Baccalaureus der Theologie, *Arthur Coga*, dem der oft citirte *King* ebenfalls im J. 1667 Lammblut transfundirte, hatte nach der zweiten Transfusion vorübergehende Fieberbewegungen [3]).

Aus den in den letzten Jahren wieder vorgenommenen Lammbluttransfusionen geht hervor:

---

[1]) *P. Scheel*, „die Transfusion des Blutes" J. 1802. S. 91.

[2]) *P. Scheel*, l. c. J. 1802. S. 128—129.

[3]) *P. Scheel*, l. c. J. 1802. S. 176. „Auch dieser Versuch lief gut ab, und Coga befand sich . . . vollkommen wohl, einen fieberhaften, jedoch kurz vorübergehenden Zustand abgerechnet. Auch diese Fieberbewegungen glaubte King nicht der Operation, sondern dem zu vielen Weine, den er nach derselben zu sich nahm, zuschreiben zu müssen."

1. Dass nicht selten starkes *Fieber* eintritt; so stieg in einem Versuche (von *Hasse*), in welchem der Tod kurze Zeit nach der Transfusion erfolgte, die Temperatur auf 42,8° C. [1]).

2. Dass der Harn häufig Blutfarbstoff enthält; es scheint, als ob der Harn fast immer am ersten Tage eine dunkle Farbe habe. Dass oft eine grosse Menge Blutfarbstoff durch den Harn ausgeschieden wird, geht aus einer Transfusion, die *Czerny* [2]) ausgeführt hat, hervor; der nach der Transfusion entleerte Harn enthielt eine Hämatinmenge, die dem Hämoglobingehalt des eingespritzten Blutquantums entsprach. Dass Infarcte auch nach der Lammbluttransfusion beim Menschen entstehen können, zeigt eine Transfusion, die *Masing* in St. Petersburg ausführte, die Transfusion endigte mit dem Tode; bei der Section wurden in der Corticalsubstanz beider Nieren kegelförmige Infarcte [3]) gefunden. Ferner ist in einigen Fällen nach der Transfusion Icterus beobachtet worden.

Herr *Ponfick* hat bei einer Puerpera, die 20 Minuten nach einer Lammbluttransfusion starb, durch die mikroskopische Untersuchung des Blutes (fast unmittelbar nach dem Tode) gezeigt, dass auch im Gefässsysteme des Menschen die eingespritzten Lammblutkörperchen zerstört werden [4]).

---

[1]) Dr. *O. Hasse.* „Die Lammbluttransfusion beim Menschen" Leipzig und St. Petersburg. J. 1874. S. 61.

[2]) Cfr. Centralblatt für Chirurgie. J. 1874. No. 5. S. 68.

[3]) Centralblatt für Chirurgie, J. 1874. S. 84. — Die Nierenaffection mahnt zur grossen Vorsicht; die constante Klage über Schmerz in der Lendengegend nach diesen Transfusionen fordert zum ernsten Nachdenken auf.

[4]) „Ueber die Wandlungen des Lammblutes innerhalb des menschlichen Organismus", Separatabdruck aus der Berliner klinischen Wochenschrift, J. 1874. No. 28. *Hasse* (l. c.) dagegen glaubt, dass nicht die eingespritzten Lammblutkörperchen, sondern die „altersschwachen Blutkörperchen des Menschen zu Grunde gehen. Er sagt S. 69: „Nie sind erhaltene Blutkörperchen in diesem schwärzlich roth gefärbten Urin enthalten, sondern nur Blutfarbstoff und Eiweiss. Ich nehme deshalb auch an, dass durch diesen Urin weniger die Bestandtheile der neu zugeführten lebensfähigen, sondern vielmehr ein Theil der schon vor der Transfusion im Blute des Kranken vorhandenen, so zu sagen altersschwachen Blutkörperchen ausgeschieden wird, für welche jetzt gewissermaassen kein Platz im Körper

Die Erscheinungen sind also im Wesentlichen dieselben, es möge das Lammblut beim Hunde oder beim Menschen eingespritzt werden.

Der Grund, warum eine verhältnissmässig geringere Zahl von gefährlichen Symptomen bei den Menschen beobachtet wird, liegt gewiss fast lediglich darin, dass die transfundirten Blutquanta gewöhnlich nur $\frac{1}{20}$—$\frac{1}{30}$ und höchstens $\frac{1}{15}$ der normalen Blutmenge betragen haben.

In den bekannten Versuchen *Hasses* [1]) soll das transfundirte Quantum im Maximum 200 Ccm. gewesen sein; gewöhnlich war es aber geringer, nämlich im Mittel ca. 150 Ccm. Werfen wir aber die Frage auf, ob die von den Aerzten angegebenen Mengen wirklich ins Gefässsystem übergeführt worden, so wird die Antwort äusserst zweifelhaft werden. Mehrere Aerzte, z. B. *Hasse* [2]) und *Gesellius* haben die Menge des eingeführten Blutes auf eine höchst unrichtige Weise bestimmt, nämlich durch die Messung der Ausströmungsgeschwindigkeit. Ich habe selbst zweimal die Erfahrung gemacht, dass man hier die grössten Irrthümer begehen kann; die Transfusion wurde in diesen Versuchen nach ca. 1½ Minuten beendigt, keine Hindernisse schienen vorhanden zu sein. Nach der Transfusion war die Carotis des Schafes vollkommen permeabel, das Blut strömte in reichlicher Menge hervor. Doch ergab die Wägung des Versuchsthieres unmittelbar vor und nach der Transfusion, dass die übergeführte Blutmenge minimal, nur 10—12 Ccm. gewesen, so dass die Operation wiederholt werden musste. Die einzige richtige Art und Weise der Bestimmung der transfundirten Blutmenge ist die Wägung des Versuchsindividuums unmittelbar vor und nach der Transfusion; da die directe Transfusion nur 1—1½ Minuten dauert, so ist der Respirations- und Perspirationsverlust ausser Betracht zu lassen.

Hoffentlich werden selbst die enthusiastischsten Bewunderer der Lammbluttransfusion nun nach *Landois*'s, meinen und *Ponfick's* Untersuchungen,

---

mehr vorhanden ist." Es ist diese Annahme völlig unbegründet und durch *Landois*'s, meine und *Ponfick's* Untersuchungen widerlegt. — *Sander* (Berl. klin. Wochenschrift, J. 1874. No. 15 und 16, referirt im Centralblatt für Chirurgie No. 16, S. 255) glaubt 2 Tage nach einer Lammbluttransfusion Lammblutkörperchen im Aderlassblute gesehen zu haben. Irrthümer sind hier leicht zu begehen; sorgfältige Zählungen und Messungen der Blutkörperchen vor und nach der Transfusion sind nöthig, wenn derartige Angaben irgend einen Werth haben sollen.

[1]) *Hasse*, l. c. S. 63—67.
[2]) *Hasse*, l. c. S. 66—67.